SHODENSHA
SHINSHO

ドイツで、日本と東アジアはどう報じられているか？

川口マーン惠美

JN283893

祥伝社新書

まえがき

まずは、この記事から見ていただこう。《ドイツラジオ》二〇一二年九月二十二日（ARDラジオスタジオ・東京支局）の報道である。

過去の歴史の清算のみによって、領土問題は解決可能になる
ある諸島をめぐる日中の紛争（見出し）

日中両国はどちらも、尖閣、あるいは、ディアオユ（Diaoyu）諸島についての領有権を主張している。この紛争は、日本が第二次世界大戦中に演じた暴力的な役割を自省的に総括することなしには解決することができない、とペーター・クーヤート（Peter Kujath）は見る（リード）

（前略）日本が常に冷静に、思慮深い行動をとっているとは言えない、こと尖閣諸島に関しては。尖閣は紛《まぎ》れもなく日本の領土であり、日中の間に領土問題は存在しないという公式の見解一つとってみても、この問題がなぜ起こったかという現実政治からひどくかけ離れている。

八月の初め、日本の外交は、同様の失敗を犯していた。韓国との間の竹島、あるいは、独島《ドクト》をめぐる領土問題がエスカレートしていた。

もしも、この韓国、そして、中国との争いをよく見るなら、日本が怠《おこた》ってきた歴史問題の総括が重要な意味を持っているということに気が付くはずだ。韓国の大統領は、領土問題は、いわゆる従軍慰安婦問題において、日本が謝罪に踏み切らないことが原因となっていると、明確に指摘している。従軍慰安婦というのは、第二次世界大戦中に日本の軍隊の売春所で売春を強要された韓国人女性のことである。多くの韓国人が、日本の占領下で味わわなければならなかった苦しみについて、納得のいく謝罪はいまだになされないままだ。これは中国人に対しても当てはまる。もっとも、日本の天皇が一九九二年に中国を訪問し、遺憾は表明したとはいえ。

つい最近の中国での反日デモは、満洲事変の記念日に最高潮に達した。満洲事変は、日本軍が自作自演した事件で、それが日本軍の満洲への侵攻、そして、それに続く中国全土での数々の残虐行為につながった。この事実の一部は、今日においても、一部の日本人によって否認されており、教科書にもほとんど記述がない。そして、日本の子供たちは徹底的に竹島と尖閣諸島の領有について〝啓蒙《けいもう》〟されている。

日本はドイツと同じく、第二次世界大戦の暴力国家であった。しかし、この困難な時期の歴史の解明は行なわれていない。徹底的で自省的な過去の総括なしには、日本は、現在起きている領土問題を解決することはできないだろう。

これを読めば、ごく普通の日本人なら腹が立つのではないか。「公正で質が高い」と思われているドイツの報道だが、ことアジアについては、「不公正で質が低い」。

「尖閣は紛れもなく日本の領土であり、日中の間に領土問題は存在しないという公式の見解一つとってみても、この問題がなぜ起こったかという現実政治からひどくかけ離れている」と、同特派員は言うが、彼の頭には、記者としての基本作業である検証というアイデアは、まったくないらしい。中国が領有権を主張していること自体のみが、中国の尖閣領有の証拠だとするなら、これから中国の領土はどんどん増えていくだろう。

そのうえ、竹島と従軍慰安婦をリンクさせて、あることないことを主張する韓国側の言い分、満洲事変に対する中国の解釈、中国全土で起こったとされる日本軍の残虐行為、謝罪をしようとしない日本の不誠実な態度など、すべて中国と韓国の見解を事実として取り上げ、日本の主張については、まったく無視している。

特に、これらの〝事実〟が日本の教科書に書かれており、「日本の子供たちは徹底的に竹島と尖閣諸島の領有について〝啓蒙〟されている」という件《くだり》には、目を疑ってしまった。日本の子供たちは竹島にも尖閣にも興味がなく、それらがどこにあるかも知らないと書いてくれたほうが、まだ真実に近い。昨年、私が日本の某大学の講義で尖閣に触れたとき、多くの学生はきょとんとしていた。

ただ、悲しいことに、ドイツで報道されているアジア関連の記事は、どれもこれも似たり寄ったりだ。つまり、中国や韓国の主張が前面に出ている。深読み、裏読みの記事も、もちろん、あることにはあるが、しかし、それらが一般の人々の目に飛び込むことは稀《まれ》だ。

とりわけ、ドイツと中国の関係はいまや蜜月時代といってもよく、中国のプロパガンダが行き渡っている分、日本に関する報道がいびつになっている。これは、日本の主張が発信されていないということで、われわれ自身にも、大いに責任があると思う。

本書では、ドイツでごく一般に読まれている主要なニュースを取り上げ、和訳し、それなりの私の意見を添えている。言いたいことは、まだまだ山ほどあるが、報道されていることの一つひとつに反論していると、紙面がいくらあっても足りないので、そこは、この本を手に取ってくださる日本の読者のみなさんの判断に、お任せしたいと思う。

二〇一三年九月吉日

川口《かわぐち》マーン恵美《えみ》

目次

目　次

序章　ドイツメディアの種類と傾向

《ARD》と《ZDF》という二大公共放送局

本書を読んでいただくにあたって、ドイツの代表的なマスメディアとその性格、傾向、番組の質について、ざっと述べておきたいと思う。

まず、テレビだが、ドイツには、二つの公共放送局がある。《ARD（ドイツ公共放送連盟）》と《ZDF（第二ドイツテレビ）》だ。どちらも全国放送を流している。《ARD》の傘下には、公共の地方放送局が九つある。たとえば私の住むシュトゥットガルトが本拠地の《南西放送（SWR）》は、ドイツで一番大きい地方放送局だ。シュトゥットガルトを州都とするバーデン＝ヴュルテンベルク州と、その隣のラインランド＝プファルツ州（州都はマインツ）が共同で運営している。三つのオーケストラ、合唱団などがこの放送局に所属しており、シュトゥットガルト放送交響楽団は日本でも時々公演している。

その他大きな地方放送局としては、たとえば、ミュンヘンの《バイエルン放送（BR）》、ハンブルクの《北ドイツ放送（NDR）》など。前者は、バイエルン放送交響楽団、ミュンヘン放送管弦楽団、バイエルン放送合唱団を、後者は北ドイツ放送交響楽団、北ドイツ放送ビッグ・バンドなどを運営しており、いずれもとても有名だ。

さて、その九つの公共地方放送局は、各地方向けの番組を作っているだけでなく、共同

ドイツの主要メディア一覧

【国営放送テレビ局】
ドイツ公共放送連盟　ARD
第二ドイツテレビ　ZDF

【国営放送のニュース番組】
ARD「第一ドイツテレビ」 Erstes Deutsches Fernsehen（略は Das Erste）
ZDF 「ZDF ホイテ」 ZDF Heute（ホイテは今日という意味）

【ARD 傘下の公営放送局】

南西放送	Südwestrundfunk（SWR）
バイエルン放送	Bayerischer Rundfunk（BR）
北ドイツ放送	Norddeutscher Rundfunk（NDR）など9局

【国営放送ラジオ局】

ドイツラジオ	Deutschland Radio

【雑誌】

シュピーゲル	Der Spiegel
シュテルン	Stern

【新聞】

フランクフルター・アルゲマイネ	Frankfurter Allgemeine Zeitung (FAZ)
ディ・ヴェルト	DIE WELT
ディ・ツァイト	DIE ZEIT
南ドイツ新聞	Süddeutsche Zeitung
ライニッシェ・ポスト	Rheinische Post
ビルト	Bild
ハンデルスブラット	Handelsblatt

※本書で紹介するメディアを中心に掲載。
各メディアには、それぞれオンライン版もある。
本文中の表示は原則として日本語を使用。

で、全国向けの番組も制作している。中でも有名なのは、全国ニュースを放映している《第一ドイツテレビ（略称 Das Erste）》で、毎晩八時のニュース番組は、おそらくドイツで一番権威がある。

《ARD》と並ぶもう一つの全国公共放送局《ZDF》はマインツが本部で、ヨーロッパ一の規模を誇る。《ZDF》は傘下の放送局を持たないが、独自の名前で、各種の非常に良質の番組を制作している。メインのニュース番組は、毎晩七時の Heute《ホイテ》（和訳は「今日」）で、《ARD》のニュースとその質を競っている。

また、《ARD》と《ZDF》が共同で運営している放送局もある。《3sat》《Arte》《Phoenix》《KiKA》の四つだ。《3sat》は、《ARD》、《ZDF》だけでなく、スイスとオーストリアの放送局との共同運営。《Arte》はフランスの放送局との共同運営で、主に芸術関係の番組を作っている。また、《Phoenix》はドキュメント番組が多く、《KiKA》は子供番組専門の放送局だ。

公共放送であれ、民間放送であれ、政府はドイツの放送局には一切介入しない。放送業務についての監督権は州にある。ナチスの政権下で、政府が情報統制をしたことの反省である。

情報への介入による世論操作は、容易で、かつ効果的なので、今でも世界の多くの為政者が好んで用いる手段だ。中国やロシアはもちろん、最近はEUの加盟国ハンガリーまでもが、放送局を政府の監視下に置いて、官制のニュース、官制の娯楽番組で、国民の頭を政府色に染めようとしている。特に子供番組への介入が顕著だという。

だからこそ、ドイツの放送局は、自分たちの持つ完全な独立性を誇りに思っている。おそらくその多大なる影響力にも、大いに自負を感じていることだろう。

《ARD》と《ZDF》の番組には、コマーシャルはほとんど入らない。特に、夜の八時以降は一切入らない。その代わりに受信料を取る。この二局とラジオの合計で、一世帯につき、一カ月一七・九八ユーロ（約二〇〇〇円）だ。

より危機感を煽《あお》るのは《ZDF》

《ARD》、《ZDF》とも番組制作の態度は真面目で、また、中立を保とうとしていることは感じられる。外部からの圧力に屈しないという姿勢も見える。ただ、両局ともおしなべてリベラルだ。そして、《ZDF》は《ARD》に比べるとほんの少し軟らかい感じがする。昔は、《ZDF》のほうが保守的で、年寄り向けと言われていたらしいが、今では

《ARD》のほうが堅苦しい。

そんなわけで、同じ事件を扱っても《ZDF》は少しだけ大げさに報道する。だから、《ZDF》のニュースのほうが、見ている者はより憤然とし、より危機感を煽《あお》られ、あるいは、よりエキサイティングする。ニュースの内容が直接自分に関係のないことであれば、それはそれで面白くていいのだが、しかし、日本についてのニュースの場合、面白いなどとは言っていられなくなる。たとえば、福島原発の事故の際、あることないことを言って危機感を煽ったのが《ZDF》だった。

つまり、視聴者としては、危機感は少々水増しされているほうが面白いのだ。テレビ局としても、視聴率を高くするためには面白いものを作らなくてはいけないから、適当に水増しをする。日本のことなら、少しでも誇張されたり事実と違うと、腹を立てる私だが、他の国のことなら、そんなことに気づかず、面白いと思って見ていることになる。私たちは、制作者のさじ加減に騙《だま》されないようにしなくてはいけない。

当然のことながら、中国の人権問題などを執拗《しつよう》なまでに追及するのも《ZDF》だ。これは大いに視聴者受けする。

しかし数年前、《ZDF》の取材に協力した中国人の環境保護活動家が、取材の後、何者かの報復を受け、めちゃくちゃに殴られ、立つことも、まともに話すこともできない障害者にされてしまったことがあった。その後、廃人同然になって車いすに座っているその活動家が、また取材対象になっていたが、これには心が痛んだ。取材のためには、記者はいったい何を、そして、誰を守らなければいけないのか、どこまでの取材が許されるのか、報道のモラルとは何か。二度と立てなくなった活動家の虚《うつ》ろな目を見ながら、私の心の中にはそういう疑問が浮かんだものだ。

これと似たような問題は、二〇一〇年から次々と起こったアラブ諸国での革命の最中にもあったらしい。西側のメディアに街頭インタビューを受けて、政府を非難する意見を述べ、それが報道されると、ほどなくして、その人物が消えるということが相次いだという。独裁国家の情報収集網を侮《あなど》ってはいけない。しかし、報道していた側はその危険性をおそらく知っていて、それでもインタビューを強行し、名前まで出して放映していたのではないかと、私は思っている。

安全な茶の間に座っている私たちの正義感が心地よく刺激され、独裁政権の横暴や、破壊される環境などに憤怒《ふんぬ》を感じるために、本当に苦しんでいる人たちが、もっと大きな災難を被ることは、避けなくてはいけない。そもそも私たちの憤怒など、その場限りのものであることも多い。安全圏にいる人間にとって、報道番組と娯楽番組の境界線は、かなり曖昧《あいまい》なのである。

さて、そうは言っても、ドイツの公共放送には、とても興味深いルポルタージュや歴史番組、そしてトークショーも多くある。世界に対する興味と、どこへでも出かけていくエネルギーは見上げたものだ。それについては、章を改めて書きたい。

過去の番組がいつでも見られるオンラインサービス

なお、ドイツのテレビで素晴らしいのは、オンラインサービスの完備である。毎日のニュースや、その他の番組のほとんどすべてを、パソコン、あるいは、スマートフォンで、そのまま視聴できる。私は、毎日のニュース番組も、その他の興味深い番組も、必要なものはすべてネットで見ている。

さらによいことは、すべての番組が、ライブで見逃しても、後でいつでも見られること。《ARD》の八時のニュースなどは、二〇年前の放送分でも、そのまま見られる。当時の服装や世相がわかって、大変興味深い。

オンラインで見られないテレビ番組は、テレビ局がテレビ放映権を買わなければいけないことになっているサッカーの試合や、ウインブルドンのテニス、F1のレースなど、わずかなものだ。パソコンでニュース番組を見ていて、サッカーのブンデスリーガの結果が放送される場面などになると、ときどき映像が数秒消えて、音だけになり、「この映像は法的な規制により、ネットでは提供できません」という字幕が出る。しかし、ほとんどのスポーツは、そこまでコマーシャリズムに乗っておらず、放映権などで規制されていないので、普通は問題がない。

また、需要の多いもの、たとえば、サッカーのワールドカップの試合などは、なぜか全試合、テレビと同じようにパソコンで見ることができる。いずれにしても、このオンラインサービスは、過去の番組まで見られるという特典とともに、素晴らしいものだ。

そのおかげで、私は日本にいる間も毎日、ドイツのニュースを見ている。世の中は便利になったものだ。ところが、日本のテレビ局はオンラインサービスが遅れている。日本のメディアは、まだまだ閉鎖的なのだろうか。

競争が激しくないと言えば、単に《NHK》の七時のニュースと、《ARD》の八時のニュースを比べてみると、その質は、《ARD》のほうが段然高い。本書で、ドイツの報道の偏向ぶりを取り上げながら、一方で質が高いというのは矛盾しているようだが、比較の問題でいけばそうなるのだ。競争相手があれば、《NHK》ももう少し頑張るのかもしれないが、今のところはっきり言って、《ARD》とも《ZDF》とも比べ物にならない。

そもそも、《NHK》のニュースを見ていても、世界で何が起こっているかがよくわからない。視聴者をバカにしているのではないかと思う。また、もう少し時間帯を変えて、民放のニュース番組を見ても、内容はおしなべてドメスティックだ。しかし、日本人が世界で起こっていることに関心がないとは思えない。BSだと、もう少し専門的になるのかもしれないが、地上波のニュース番組でも、もっと伝えるべきだと思う。このグローバルな時代、視点を上げ、視野を広げなければ、日本は生き残っていけない。

さて、以上は公共放送の話だが、民間放送局となると、ドイツには星の数ほどある。ところが、私がドイツへ渡った一九八二年には、まだ民間放送局はなかったのだ。すでにドイツに住んでいた日本人が新参の私に、「ドイツって、チャンネルが三つしかないのよ」と言ったのを、今でもはっきりと覚えているが、たしかに、《ARD》と《ZDF》と、地元局の《SDR》というのがあっただけだった。当時の東京には、少なくとも七つのチャンネルがあった。

ドイツで最初の民間放送が始まったのは一九八四年だ。それ以後、雨後の竹の子のように増え続け、ドイツ語の番組を流すフリーTVだけで五〇局は超えているのではないか。ペイTVもあるし、外国語のものも加えれば、何百にもなるはずだ。

内容もいろいろで、スポーツ専門チャンネル、ニュース専門チャンネルはもちろん、宗教チャンネル、ホームショッピング、そして、同性愛者のためのチャンネルまで、それも複数ある。今の世の中は、趣味によって、いろいろなものが細分化されていくようだ。もっとも、見るに堪えないような低級な番組も多いから、昔の、チャンネルが三つしかなかったころと比べて、はたして私たちが賢くなっているのかどうかは、かなり疑わしい。

新聞、雑誌、そしてオンラインの現状とは

新聞は、購読者が減っており、すでに年寄りが読むもののようだ。若い人は、パソコンやら、スマホやら、iPadなど、いずれもディスプレイ上で読む。だから、昨年から、新聞社、および雑誌社の倒産が相次いでいる。日本と事情は似ている。

二〇一二年の十一月には《フランクフルター・ルントシャウ》という新聞が倒産。ハンブルクのシティ・マガジン《プリンツ》は廃刊、ボンの《ゲネラル・アンツァイガー》は

ベルリンオフィスを閉鎖、ニュース通信社《dapd》は倒産、さらに、メディアコンツェルン、シュプリンガー・グループも、傘下の新聞《ディ・ヴェルト》、《ベルリナー・モルゲンポスト》、《ハンブルガー・アーベントブラット》の三紙の編集部を一つにまとめようとしている。他にも、《フィナンシャルタイムズ・ドイツ版》の廃刊の噂《うわさ》など、暗いニュースは絶えない。

原因は、売上げの悪化と広告収入の減少。多くのメディアは、巻き返しのためにオンライン版の拡張を図ってはいるが、こちらは打って変わって過当競争気味だ。

今回、本書を執筆するために私が引用したのは、主にオンラインのメディアだ。テレビの《ARD》《ZDF》のオンラインニュース、週刊誌《シュピーゲル》《シュテルン》、主要紙である《フランクフルター・アルゲマイネ》《ディ・ヴェルト》《ディ・ツァイト》《南ドイツ新聞》などのオンライン版である。

ドイツの主要メディアは、ほとんどリベラルといっても間違いではない。《ARD》は中道で、《ZDF》は中道左派、《ディ・ツァイト》や《南ドイツ新聞》は、かなり左派で日本報道に関しては最悪。日本に何か恨みでもあるのかと思うほどだ。《フランクフルター・アルゲマイネ》は保守的だが、常識を踏み外すことはない。そういう意味では、《ＡＲＤ》と似ている。

少し毛色の違うのは《ディ・ヴェルト》で、こちらはドイツの《産経新聞》といったところだろう。前回、二〇〇九年の総選挙直前、ある取材の手伝いで、同紙のエネルギー担当の記者をインタビューしたことがあったが、彼の原発容認の姿勢は顕著だった。今でも、同紙だけが、エネルギー転換に懐疑的な意見を発信している。なお、《ハンデルスブラット》は経済紙で、《日経新聞》に近い。

その他に、タブロイド判の《ビルト》という大衆紙があり、これは、売上げはずば抜けてドイツ最高だが、そもそも見出しの面積が紙面の半分くらいを占めている新聞で、記事そのものは、センセーショナルではあるが、内容は単純化され過ぎており、引用には適さないため使わなかった。

一方、雑誌を見ると、最高の評判を誇るインテリのための週刊誌《シュピーゲル》は、リベラルだと思っていると、歴史修正といった右寄りの立場も好んで取り上げるところがあるため、一概には色分けしにくい。あえて言えば、反権力。ときに、ポリティカル・コレクトネスにも異議を唱えたりする。政界にも財界にもかなりの情報源を持っていることは確かで、ときどきとんでもない特ダネをものにする。取材力はドイツメディアの中では一番かもしれない。

《シュピーゲル》の次に頑張っている雑誌は《シュテルン》で、こちらは左寄りで、内容は軟らかく、かつ文面も《シュピーゲル》ほど難しくない。毎週、冒頭にセンセーショナルな写真を載せるので、それを見るだけでも、結構楽しい。

いずれにしても、以上のドイツの新聞、雑誌、および、そのオンライン版は皆、かなりレベルが高い。社説も読ませるし、政治家や学者の、しっかりした論文が載ることも多い。一つのテーマである人に存分に書かせ、二週間後に、その反論を、また違った識者が存分に書くという企画もあって、なかなか面白い。ドイツ人は、政治に対する関心が高いので、そういう論文を基に、巷《ちまた》での論争が展開していく場合も少なくない。紙の新聞が消えてしまっても、オンラインでよい報道を続けてほしいと思う。

わが家にはテレビがない。しかし、ネットでニュースも他の番組も見ることができるので、不便な思いはしていない。娘たちも、下宿先でテレビを持っていないが、ニュースはフォローしているようだし、ドキュメント番組などで面白かったもの、あるいは重要なものを見つけると、そのリンクを送ってくるので、皆、世の中から取り残される心配はなさそうだ。

私は、雑誌は広告を見て、面白そうなときにそのつど購入している。本は、読む暇があまりないことを忘れて、時々、病気のように買い込む。ちなみにドイツでは、本はまだ売れている。本を読む層というのが確固と存在するのだ。

秋にはフランクフルトで、そして春にはライプツィヒで、毎年大きなブックメッセが開かれるが、そこへ個人で出かけていって、新刊を繰《く》ったり、作家の講演やトークショーを楽しんだり、その年のテーマについてのシンポジウムを聴いたりして楽しむ本好きは多い。読書という文化が、いまだにしっかりと生きている。売上げの二割近くが、小説など文学作品だというのも頼もしい。

本が売れるのは結構なことだ。私は、毎日、パソコンで仕事しているが、今でも紙のメディアには、書籍であろうが、雑誌であろうが、新聞であろうが、愛着を感じる。いずれ紙媒体が減っていくのは寂しいことだが、パソコンやeブックもあることだし、活字を読む習慣は、将来もなくなることはないだろう。

ただ、テレビだけは、チャンネルの数は浜辺の砂ほど増えたものの、だんだんすたれていくのではないかと思っている。

1章　原発事故を、ドイツはどう報じたか

1　死の恐怖に包まれた東京

《シュテルン》誌の驚くべき記事

東日本大震災についてのドイツでの報道は、とても矛盾したものだった。最初は日本人の冷静さと、助け合いの精神が激賞された。〝日本人は苦しみや悲しみに取り乱さない。困難な状況でも譲り合う。なんと素晴らしい国民であろう！〟云々。

たしかに、こういう現象は世界では稀《まれ》なのだ。日本以外の多くの国では、親族を失った人間は天に向かって両手を掲《かか》げ、声のあらん限りに泣き叫ぶ。日本人から見れば、本当にあれで悲しんでいるのかといぶかしくなる所作だが、エジプトでも、シリアでも、そして、南アフリカ共和国でも、ニュースを見ていると必ずそうだった。

また、災害や暴動で防犯体制が緩《ゆる》くなれば、当たり前のように強奪が起こる。それは国の貧富に限らず、アメリカでもイギリスでも起こったたし、二〇一一年に洪水に襲われたオーストラリアでは、避難命令に背《そむ》いて、水の中で孤立する家屋の二階に取りついていた人たちが、はっきりと、「いない間に強盗に入られると困るからここにいる」と言っていた。

日本なら、強盗を懸念して避難を拒《こば》む人はあまりいない。というか、日本というのは、天災と強盗が国民の頭の中でつながっていない幸せな国なのだ。そして、実際に人々は、地震のあとの半壊のスーパーで、床に落ちた品物を拾ってレジに持っていっては、行列してお金を払っていた。平時でも市場で横入りしているドイツ人には、目からうろこの映像だったと思う。

ところが、しばらくすると、雲行きが変わりはじめた。それは、三月二十四日付のニュース週刊誌《シュテルン》が日本の原発事故を特集記事にした時点で、はっきりと目に見える形となった。

同誌の表紙は、葛飾北斎《かつしかほくさい》の有名な浮世絵「神奈川沖浪裏《なみうら》」と、舞妓さん（芸者のつもり？）と、侍と、整然と並ぶ自衛隊の合成だった。タイトルは『驚くべき国民』。もちろん、日本人のことだ。

それによると、日本人は、集団のために自己を犠牲にし、苦しみに慣らされ、しかも、感情のない、あるいは、感情を抑えることを学ばされた国民であるらしい。その証拠として、「神風特攻隊」「ハラキリ」「赤穂《あこう》浪士」の話が続々登場。特攻隊が出撃前に鉢巻きを渡されている写真や、また、武士が鎧《よろい》姿で正装している絵、そして、明治天皇ご一家のお写真などが、ふんだんに使ってある。中でも逸品は、終戦後もジャングルで戦い続けた小《お》野田《のだ》少尉の物語で、ご丁寧にも、ぼろぼろになった軍服を着て軍刀を返還している直立不動の写真まで載せてあった。

また、自衛隊の隊員に救助してもらって、「すみません」と言った老女の話が出てくる。ドイツ人には理解できなくても、日本人ならわかる。「お手数をかけて、すみません」、つまり「すみません」は、「ありがとう」なのだ。

ところが《シュテルン》のライターは、老女が人に迷惑をかけたことを恥じて謝っているという話を紹介し、ルース・ベネディクト女史の『菊と刀』（一九四六年刊行）にある〝恥の文化〟という言葉まで持ち出している。戦後の日本統治のために、アメリカ軍の依頼で編まれた日本人論だ。無責任にもベネディクトは、一度も日本を訪れることなく、この大作をものした。

「死の恐怖に包まれた東京」を報じるドイツ紙

地震のあったとき、私はちょうど日本にいた。二日もすると、ドイツから悲痛なメールが入りはじめた。「すぐに帰って来い」「チケットが取れないなら、こちらで手配する」云々。私が日本でフォローしていた限りでも、たしかにドイツメディアは、日本列島全体がまもなく放射能の雲に包まれてしまうかのような、パニック報道をしていた。その結果、ドイツでは医者の警告にもかかわらずヨードが売れ（ヨードは下手に服用すると、副作用が大きい）、なんと、放射線測定器まで品薄になるという現象が起こっていた。

そんなわけで、私がまだ日本にいたころ、捜索犬を連れて到着した四一名ものドイツの大救援隊は、二日足らずで活動を停止し、帰り支度に入っていたし、十五日にはルフトハンザ航空は成田就航を見合わせた。そして、多くのドイツ人は、先を争うように日本を離れており、十七日にはドイツ大使館も、一時大阪に引っ越すことに決まっていたのだから、ドイツで私の家族や友人たちが慌《あわ》てたのは無理もない。

彼らは、「大丈夫よ。私の飛行機はスカンジナビア航空だから、たぶん予定通り飛ぶから」と、東京で呑気《のんき》に構えていた私にイライラし、おそらく正気の沙汰《さた》ではないと思っていたはずだ。すでに彼らの頭の中には、数年後、白血病で死の床についている私の姿さえちらついていたのだろう。

しかし、私は実際に東京にいたのだから明言できる。私たちは慣れない節電で右往左往していたのは事実だが、放射能の危険を感じて恐怖におびえていたというのは正しくない。ましてや、放射能の怖さを啓蒙されていない無知な人間でもなかったし、あるいは、情報操作された政府のウソ報告を丸呑みにしている愚かな市民というわけでもなかった。そもそも、私たち全員が憂鬱になっていたのは、震災の犠牲者と被災者の不幸を思い、原発の事故にショックを受け、それら二重の悲劇の大きさに、どうしていいかわからないほど打ちのめされていたからであった。

このころ《ZDF》は、「首都圏の住民三八〇〇万人がまもなく逃走しはじめると、南へ向かう経路は、一本の主要鉄道と数本の幹線道路があるだけなので、大混乱が起こるだろう」と不吉な予言をしていた。しかし、私の知る限り、東京では、彼らの言うエクソダス（旧約聖書の出エジプト記に出てくるユダヤ人の大量国外脱出）が始まる気配も前兆もなかった。ちなみに、深刻な面持ちで地図まで見せてその報道をしたジャーナリストは、翌日にはすでに大阪のスタジオから生中継（！）していたので、何のことはない、彼自身が道の混まないうちに逃走したらしかった。

私がドイツに飛んだ日、成田空港は騒然としていた。コペンハーゲンから直行で来るはずだった私の飛行機は、なぜか北京に寄って来たので、出発が大幅に遅れるとのことだった。空港のあちこちの通路には、チェックインできない欧米の若者たちがべったりと座り込んでいた。予定していた飛行機が欠航になったか、遅れるかしていたのだろう。

出国しようとしている中国人の群れを、中国のテレビチームが取材している。出国の旅券審査のホールに入ると、今度は、万が一、戻ってきたときのために再入国手続きをする中国人の長蛇の列。外国人の間では、たしかに、エクソダスがまっ盛りだった。

驚いて腰を抜かしそうになったのは、横に来ておとなしく腰掛けたいかつい欧米人の若者が、二人揃《そろ》ってマスクをしていたことだ。これまで欧米人は、日本人のマスクをバカにしたり、からかったりすることはあっても、絶対に自分で掛けることはなかったのだ。そこで周りを見回すと、他にも神妙な顔つきでマスクを掛けた欧米人がちらほら。彼らのマスクは、日本人のそれとは目的が違う。もちろん、放射能を遮断するためのものだ。

搭乗するとき、ドイツの新聞を手に取ると、第一面に、背広を着て、マスクを掛けた日本人が、キッと真正面を向いた特大写真が目に飛び込んできた。通勤の途上、横断歩道で信号が青に変わるのを待っているところだ（と私には見える）。しかし、その下の大見出しには、『死の恐怖に包まれた東京』とあったので唖然《あぜん》。「そうか、ドイツでは、このマスクは放射能よけのマスクと解釈されるのだ」。「信号を見ている目は、死の恐怖で見開かれた目なのか」。そう思うと、たしかにそう思えてくるから不思議だ。

ただ、この写真を載せ、記事を書いたドイツ人特派員は、真実を知っていたはずだから、これはわざと誤解を招くための仕業に違いない。そう思うと、突然、むかむかと腹が立ってきた。

飛行機がわざわざ北京に立ち寄る理由

腹を立てながら乗った飛行機は、なぜかまた北京経由で戻るという。日本人の客室乗務員に理由を訊《き》いたら、北京で給油と点検、乗務員の交代、機内の清掃をし、そしてケータリングを積むという答えだった。乗客は、一度降りて、空港で待機するのだそうだ。他の飛行機も同じなのかと尋ねると、よくはわからないが、エール・フランスはソウルに寄って同じようなことをしている、という。

ところが、その彼女が、北京に着く直前に再び私のところへやってきて言った。「すみません。機長の気が変わったらしく、清掃は中止、乗客は機内に留まることになりました」。

あえて北京に降りたくもなかったので、それもいいかと思いつつ、待たされること一時間。ようやく北京を飛び立つと、すぐに日本語の機内放送があり、引き続き日本人の客室乗務員が乗ってはいるが、ここ北京から目的地コペンハーゲンまでは、非番で同乗しているだけなので、業務できないことをあらかじめ詫びた。こんな変わった内容の機内放送を聞いたのは初めてだった。それから乗客は、東京の危険な放射性機内食ではなく、中国製の安全な機内食を食べた。

隣に座っていた若者はスウェーデン人で、交換留学で東大に行っていたが、親が心配して、とにかく帰って来いとうるさいので、勉学を中断して、いったんストックホルムに戻るのだそうだ。「スウェーデンってどう？　いい国？」と訊くと、「いい国だ」と言うので、「何がいいの？」と訊いたら、「政府がいい」と答えたのでびっくりした。私も外国人に向かって、一度そう答えてみたいものだ。

九時間後、コペンハーゲンに着いた途端、私たちはデンマークのテレビクルーに迎えられた。放射能の国からの生還者だ。しかし、到着が大幅に遅れたので、ほとんどの生還者（もちろん私も）は後続便に乗り遅れ、ホテルで一夜を明かすことになった。

翌日、シュトゥットガルト行きのゲートにいたら、偶然、前日の飛行機で見かけたドイツ人女性がやってきたので、思わず、「あら、あなたもシュトゥットガルトだったの？」と声を掛けた。訊いてみると、地震のとき、岩手にいたという。大きな被害のあった場所なので、私は少し驚いて、大変だったかと訊くと、「地震にも驚いたが、なにより大変だったのは、岩手から成田まで辿《たど》り着くことだった」と、その苦労を語ってくれた。

「ドイツの家の人が心配しているでしょう」と言うと、「ええ。でも、なんだか変なのよ。主人が、一日でも早い飛行機があれば、それに替えろと言ってきたの。冗談じゃないわよね、もったいない」。私はおかしくなって、「そりゃ、そうよ。だって、ドイツでは皆、明日にもメルトダウンが起こって、日本中が放射能で汚染されてしまうと思っているんだから」と言って、『死の恐怖に包まれた東京』の新聞を見せてあげたら、びっくり仰天していた。

そして、「そうだったのね。せっかくこの飛行機があるのに、惜《お》しげもなくもう一枚チケットを買えだなんて、いつもの主人の性格からして何がなんだか訳がわからなかったんだけど、このせいだったのね」と大笑いしながら、至極納得していた。岩手では、日本のニュースさえろくに見られず、ましてや、地球の裏側のドイツで放射線測定器が売れているなどとは、夢にも思っていなかったらしい。

「テプコ」という単語を連発するドイツ人

そんなわけで、ようやくドイツに辿り着いたのだが、帰ってきてからが、また大変だった。ここでも私は生還者なのだ。だから、「よかった、よかった」と喜ばれると、心配してもらったことを嬉《うれ》しくも思うのだが、同時に、「自分だけが助かろうと思ってホクホクと逃げてきたわけではないのに」と、私の感情はどんどん屈折していく。

だから、「安全な水のあるドイツに戻ってこられて、ホッとしたでしょう」と言われると、どうしても、「東京の水も安全だ」と反論してしまう。しかし、東京の住民が危険に晒《さら》されながら脱出できずにいる中、一人ドイツに戻って来られた果報者は、反論などしてはいけないのだ。

たちまち「赤ちゃんに飲ませるなという水が、安全なわけはない」、「ペットボトルを配っていたのを知らないのか」、「ドイツでも微量ながら放射性物質が計測されたのに、東京が安全なはずがない」、「原発の建屋が爆発で破壊された写真は、日本では発表されていないのか」、「野菜の出荷制限もしているではないか」などなど、東京が安全であってはならないという強い信念を含んだ言葉が、一〇〇倍にもなって返ってきた。

それにしても、今まで日本の地名なんて、「トウキョウ」と「ヒロシマ」ぐらいしか知らなかった人たちが、「フクシマ」という難しい単語を「ベルリン」と言うのと同じぐらいすらすら発音しているのは、驚くべきことだった。

そのうえ、なんと言っても一番驚いたのは、普段は世界の時事などに一切興味を示さない友人が、突然、口角泡《こうかく》を飛ばして「テプコ」の話をしだしたときだった。「テプコ」が「東電」の略称だと気付くまでに、私は数秒の時間を要したのだが、私の知らない間に、「テプコ」は、ドイツで一番ポピュラーな日本の固有名詞となってしまっていた。

いずれにしても、フクシマがいかに危険な状態かを、テレビに出てくる有名な原子力学者の解説によってちゃんと知らされているドイツ国民は、日本人よりも事情に詳しいと思い込んでいた。それなのに、愚かな日本国民は、報道規制のかかった発表や、改竄《かいざん》された不完全な情報をナイーヴにも鵜呑《うの》みにしており、真実を知らないまま、不条理に黙々と耐えているのだ。

「盲目的に原子力を信じていた日本人も、これでやっと危険に気付いただろう」というような言い方をされたときには、柔和な私もさすがに堪忍袋の緒が切れた。そこで、話題を

『死の恐怖に包まれた東京』の記事に変え、ドイツのパニック報道を激しく非難したら、相手が黙りこんだので、私の怒りは少し静まった。

そうこうしているうちに、冒頭の《シュテルン》が出たのだ。最初は感嘆の的《まと》だった東北の被災者の礼儀正しい態度が、あっという間《ま》に、どんな不幸にも文句を言わず、抗議の声もあげず、我慢ばかりしているのはちょっと変じゃないかという見方に変わった。耐えることに慣らされた従順すぎる国民……。私たちが北朝鮮の国民を見るような目で、ドイツ人は私たちを見るようになった。

ドイツ人は理解できないのだろうか。肉親を亡くしながらも、泣き叫ぶことをしない日本人のことが。雄弁に悲しみを語らなくても、日本人は悲しんでいる。ドイツ人とは悲しみ方が違うだけだ。しかし、それを理解せず、感情を出さないのは感情がないからだと決めつけるのは、それこそ自らの感情移入能力の欠如を暴露しているだけではないか。あるいは、わざとそういうふうに書いていたのか？

福島で死に物狂いで働いていた人たちは、〝恥の文化〟とは何の関係もない。国家のために死に急ぐ「神風特攻隊」でもないし、自己犠牲に恍惚《こうこつ》を覚えている「ハラキリ」願望者でもない。

彼らは、責任感から、あえてその危険な仕事に従事していたのだ。自分たちがやらないで、いったい誰がやるのだと思いつつ、へとへとになりながらも頑張っていたのだ。皆で逃げるわけにはいかない。外国人は逃げてもいいが、日本人は逃げられない。誰かがやらなければいけない。ドイツ人だって、こういう状況になったら、おそらく同じことをしたと思う。

日本からのコンテナに被曝検査

このころは、憂鬱《ゆううつ》なこと、腹の立つことが雪崩《なだれ》のように襲ってきた。

たとえば、ケルンにある、二〇年来お世話になっている旅行社の女性と電話で話したときのこと。日本人が経営している、日本行きチケットが専門の旅行社だが、予想通り、ドイツ人のキャンセルが頻発していた。ただ、そのヒステリックな様子には音《ね》を上げているということだった。

キャンセルの確認がすぐに取れないため、あとで連絡すると言うと、「白血病になったらどうするのだ！」と、興奮するお客がいる。「なぜ、原発反対のデモに、数百人しか集まらないのだ」と非難するドイツ人もいたというが、大きなお世話だ。私たちは、当時、デモよりも他にすることがあったのだ。

シュトゥットガルトの、ある日本人の話では、郵便配達夫が日本からの手紙を他の雑誌の上に載せて持ってきて、「触りたくないので、雑誌ごと受け取れ」と言ったらしい。上司にそう指示されたという言い訳が本当かどうかわからないが、無学を証明しているような話だ。

いつもは何に対しても懐疑的なくせに、何かの拍子でマイナスの方向に振れると、集団パニックや過激なデモなど、一丸でとんでもなくヒステリックになっていくのがドイツ人だが、今回も例外ではなかったようだ。そう言えば、チェルノブイリ原発の事故のときも、一番ひどい風評が巻き起こったのがドイツだった。

前述の旅行社の女性は、「在独の日本人のお客さんと話すと、皆、憂鬱そうです。そのうち、日本人差別が起こるのではないかと、心配していらっしゃるお客さんもいますよ」と、かなり落ち込んでいる様子だった。私たち日本人がそのうち、〝井戸に毒を投げ込んだ民〟にされてしまったらどうしよう。

すでにドイツでは日本からの食料品の輸入は規制されており、お寿司屋も客が激減していた。はっきり言って、ドイツの安い回転寿司屋は、日本人の経営でないものがほとんどだし、日本からの高い輸入魚など元々使っていないのに、それでもドイツ人はもう寿司屋へは行かない。

ニュースでは、港に到着した日本からのコンテナが、被曝検査を受けている様子が報道された。ドイツ国民を安心させるためなのか、危機感を煽《あお》るためなのか、そこらへんがよくわからない。昔、狂牛病の疑いのある牛肉の缶詰をドッグフード用として輸出したのは、たしかドイツだったが、私たち日本人は、放射能に汚染された品物を売ったりはしない。そういえば、一時、フランクフルト空港では、強制ではないが、人間の被曝検査も行なわれていた。

同年四月に広島県立美術館で予定されていた特別展「印象派の誕生」は、急遽《きゅうきょ》中止となった。作品の六〇パーセントを貸し出すはずだったフランスで、日本向けのすべての美術品輸出停止命令が出たためだ。岡山県立美術館も同じで、「トーベ・ヤンソンとムーミンの世界展」は、フィンランドが原画の貸し出しを取りやめたため、やはり中止。他にも、ヨーロッパのオーケストラの公演など、中止になったものはたくさんあった。しかも、日本にいた外国人も、ごそっと引き揚げてしまったし、いっそのこと、日本は鎖国してしまえば、平和でいいかもしれないと思った。

というわけで、これからは、著名な音楽家も高価な美術品も、一切やって来なくなるのかと思ったら、何のことはない、二年後の今では平常に戻っている。日本では何が起こるかわからない、安全が確保できないところには作品は貸し出せない、公演活動もできないというのが理由だったはずなのだが、はっきり言って、その状況は一切変わっていないではないか。

日本は今でもいつどこで地震があるかわからない不確実な国だし、それどころか、その危険性は、東北の地震の後、さらに高まっているという。だったらあの大騒ぎはなんだったのかと、非難したい気がむくむくと湧《わ》いてくる。

当時、「どうして日本人はそんなに危険な場所に住んでいるのか」とドイツ人に言われて、唖然としたことがあったが、潜在的な危険に次第に慣れていくのは、日本人だけではないらしい。

最近、私の友人も、「あなたが日本にいるときに、今年は私も遊びに行こうかしら」などと言いはじめた。遊びに来てくれるのは嬉しいが、ちょっと脅かしてみたいという誘惑にも駆《か》られる。「地震、来るかもね。そうしたら初体験でしょ」と。

なぜドイツ人は、能天気に「脱原発」を唱えるのか

憂鬱だった当時、気の晴れることもあった。

ダイムラー・ベンツの人と世間話をしたときのこと。「そういえば、お宅の会社は、ハイテク作業車を二〇台も寄付してくださったんですってね」と私。新聞で読んだのだが、瓦礫《がれき》の上でもガンガン走る「ウニモグ」四台、ショベルやクレーンを取り付けられるトラック「ゼトロス」八台など、優れモノがすでに日本に到着したということだった。「社員の間で寄付も集めているよ。先週、五〇万ユーロ近くになっていた」というのは、久々に嬉しい話だった。これからもしっかり集めてほしい。

そのとき、「いやあ、それにしても、福島原発の事故のおかげでドイツの原子力政策が一八〇度方向転換した。あの事故なしには、こんなに早く原発廃止の方向にはいかなかっただろうね」と彼が言った。二〇一一年三月二十七日に行なわれた、わがバーデン＝ヴュルテンベルクの州議会選挙では、原発反対を唱えていた緑の党が突然票を伸ばし、五〇年以上続いていたＣＤＵ（キリスト教民主同盟）の政権を覆《くつがえ》してしまったのだ（ＣＤＵは得票数は第一位だったが、二位の緑の党と三位のＳＰＤ〈ドイツ社会民主党〉が連立して、ＣＤＵから政権を奪った）。

そんなわけで、緑の党の支持者である彼はご機嫌だったのだが、フクシマ後の緑の党のはしゃぎようも、目に余った。いくら彼らが三〇年来原発廃止に力を注《そそ》いできたからといっても。

二〇一三年の秋には、総選挙がある。メルケル首相の人気は今のところ絶大だが、連立する相手に事欠いて、苦戦を強《し》いられる可能性は高い。福島がきっかけになって、ドイツの政治地図は、左寄りに塗り替えられる可能性も捨てきれないので、メルケル首相のファンである私は、ちょっと心配だ。

いずれにしても、ドイツの放射能パニックは去ったが、日本のイメージは、いまだ汚染されたままだ。先週、わりとおいしい魚のファーストフードのお店で何か食べようかと思って、ふと見ると、「当店では、日本近海の魚は一切使っていません」という看板。思わず気を削《そ》がれ、入らずに帰ってきた。

リトアニアが原発を造るに当たり、日立の技術を導入するというニュースのときは、《ZDF》が、「よりによって日本の原発を」という言い方をした。日本の原子力の技術は世界一だと思っている私は、もちろんひどく傷ついた。

福島の事故は、危機管理があらゆる点で緩かったから起こったのだ。もちろん、それは取り返しのつかない汚点だが、しかし、日本の原発技術が劣悪だったのではない。そして、《ZDF》はそれをわかっていながら、恣意的な言い方をしたのだと、私は思っている。

日本のエネルギー問題については、まだ何も決定していない。昨年末、安倍《あべ》政権が成立した途端、早速ドイツのメディアは「日本が原発を再稼働か⁉」と非難がましく書き立てた。ドイツ人は自分たちの脱原発の決定に誇りを持っている。しかし、実際のところ、ドイツの原発はまだ止まっているわけではない。一七基のうち九基は、今でも稼働している。これを二〇二二年には止めようと言っているだけだ。

ドイツは電力ネットワークでヨーロッパの隣国と密接に結びついているし、天然ガスもロシアから直接パイプラインで輸入できる。エネルギーに関しては、日本とは比較にならないほど、恵まれている。ただ、それでも脱原発の実行にはさまざまな問題が立ちはだかり、現在すでに、いずれ止めなければいけない原発を補うために火力発電所を新設したりしている。

一方、日本の原発はすでに全部止まっており、そのために、やはりさまざまな問題にぶち当たっている。だから、将来の原発全廃を前提に、安全確認のできた原発の再稼働も視野に入れながら、徐々に再生可能エネルギーを増やす算段をしようとしているのだ。

だいたい、原発が好きな日本人など、どこにいる？　本当に再生可能エネルギーだけでやっていけるなら、どんなに良いことかと、皆が思っている。ただ、それがまだ不可能だから、困っているのではないか。適正価格の電気の安定供給なくして、私たちはいったいどうやって暮らしていけばいいのだ？　日本の状況を知りもせず、無責任なことを言うのはやめてほしい。

しかし、それを言うとたいていのドイツ人は、人間の命や自然環境よりも物質文明を優先する愚かな人間というような目で私を見る。「お金よりも大切なものがある。日本人にはそれが見えないのか」と。

おおかたのドイツ人にとっては、脱原発は「自然に戻ろう！」という感覚なのだろう。質素な生活は、今や斬新で、理想的な生活なのだ。もちろん、私たちだって、冷蔵庫と洗濯機がなくなるぐらいなら、我慢しよう。車だってやめてもいい。しかし、電気がなくなるということはそんな簡単なことではない。産業もなくなるのだ。それが、環境保護かぶれのドイツ人にはなかなか理解できない。

いずれにしても、軍事力を持たない日本が、経済力も失い、唯一の財産であるハイテクとそのノウハウを放棄せざるを得なくなったら、私たちは、自国の主権さえ行使できなくなってしまうだろう。原発はなくても、そんな植民地のようになった国を子供たちに残してよいものか。この日本人の苦悩を理解せず、変な言いがかりを付けることだけはやめてほしい。

というわけで、ドイツ在住の日本人にとって、これからもまだまだ憂鬱の日々は続きそうだ。

2　脱原発が絶対善か

安倍政権誕生時のドイツメディアの反応

ドイツは自分たちの脱原発の決定に、大いなる誇りを持っている。ドイツの脱原発計画は、どこを見ても、うまくいっているところはない。それほど難航している。しかし、なぜかドイツ人は、それを完璧に無視する。

いつもはあれほど冷静な人たちなのに、ときに盲目となり、超党派で、老いも若きも固く団結して、猪突猛進で突き進むのがドイツ人だ。それにしても、ほとんど不可能に見える計画を、ここまで可能だと信じられる国民は珍しい。そのうえ、そこにはいつも必ず、自分たちへの礼賛というおまけがつく。

私は、ドイツの脱原発には賛成だ。個人的には電気代の高騰というリスクはあるが、もしもそこまで電気代が高くなれば、私だけでなく皆が困るだろうから、最終的にはどこか適当なところでブレーキを掛けると思う。ドイツ人は、そういう調整は、結構うまい。これをダブル・スタンダードという。

ドイツの脱原発というのは、壮大な実験だ。ほとんど正気の沙汰《さた》とは思えない。とはいえ、もしも世界で脱原発に成功する国があるなら、それはドイツだろうとも思う。技術もあるし、いざとなると助けてくれそうな隣国もあり、比較的お金もある。そして何より、国民の意志がある。それも、強情で頑固な国民の、盲目的なまでに強靭《きょうじん》な意志だ。

日本では、ドイツは電気が足りなくなれば、隣国から買えるからいいじゃないかと言われている。たしかにそうなのだが、しかし、ドイツの希望としては、隣国から電気を買うにしても、原発の電気は買いたくない。脱原発を掲げておいて、原発の電気を買うというのは、いくら何でもみっともないからだ。そこで、できれば再生可能エネルギーで生産された電気だけを輸入できればいいのだが、なかなかそうはいかない。電気は送電線に入ると、どれも同じ顔をしている。

というわけで現在、ドイツの脱原発は、とてもゆっくり前進している。そして彼らは、その脱原発決定の直接的なきっかけとなった福島の原発事故について、いまだに大いなる関心を抱いている。

はっきり言って、ここ二年ほどの日本についてのニュースは、ほぼ九〇パーセントが原発がらみのニュースだった。事故から始まり、福島の住民の様子、原発の停止、汚染状況、原発反対のデモ、原発の再稼働など、とにかく原発一色で、その残りが、尖閣、首相の交代。ノーベル賞の報道では、中国人の文学賞受賞の話題ばかりで、医学生理賞の山中《やまなか》伸弥《しんや》教授は、ほとんどニュースにならなかった。

その原発のニュースも、ここのところだいぶ下火になっていたのだが、安倍政権の誕生で、また復活の模様だ。

《ディ・ツァイト（オンライン版）》（二〇一二年十二月十五日）

国家主義化する日本（見出し）

……しかし、憲法改正は、日本の有権者にとって最優先事項ではない。過半数の日本人は、次期政権に、脱原発を継続してもらいたいと願っている。この願いを、自民党は叶《かな》えることがないだろう。なぜならば、自民党は伝統的に、原子力産業の最良のパートナーであるからだ。

《ZDF》（二〇一二年十二月十六日）

野田《のだ》首相に率いられた民主党は、転換を約束したが、地震、津波、原発事故のあと、国民の信頼を失った。今も毎金曜日に、首相官邸前で大勢の人たちがデモをして、起こらなかった転換への失望を訴えている。しかし、彼らでさえ、小さな、どちらかというと左翼の政党を支持するのではなく、多くは保守の政治家を信頼しはじめている。なぜなら、彼らはただ一つ、安定を願っているからだ。つまり、小党は、選挙のあとも小党のまま。その小党こそが、大きな政党とは違い、いち早く脱原発を唱えているというのに。

批評家によると、保守右派、安倍のカムバックは、自民党の腐敗した政治システムの復活を意味しているという。この党は、安倍が絶えず言っているような新生の党ではなく、過去三年間も、まったく変わっていない。エネルギー政策でも、この永続政党は、原発に固執している。

フクシマからほぼ二年経ったが、原発とのかかわりは、選挙戦に何の役割も果たさなかった。明治学院大学の政治学者、川上和久《かわかみかずひさ》教授は、経済政策のほうが大切だという。「私たちは経済に重点を置かなくてはいけない。島国であるから」と。「われわれはドイツ人とは違い、隣国からエネルギーを簡単に買うわけにはいかない」。

フクシマ後、初の総選挙。フクシマ——それは日本が使おうとしないチャンス。予想通り、保守の自民党が圧勝。日本人は古いテーマ、見慣れた顔、そして、極東の権力闘争を選んだ。

国家主義と軍国主義が選挙戦中、論争の中心を占めていた。原発のテーマではなく。夏の間中、日本人の話題は一つ、彼らがどうやって節電の世界チャンピオンになれるかということだった。しかし、「誰が日本の海を守れるか？　誰が領土と人命を守れるか？」と安倍は、選挙演説で国民に向かって叫んだ。原発かエネルギー転換かについては、彼は言わなかった。

《シュピーゲル（オンライン版）》（二〇一二年十二月二十六日）

日本の政権交代：議会は原発の友である安倍を首相に選出（見出し）

フクシマ？　何かあったっけ？　国会は安倍晋三《しんぞう》を新首相に選んだ。この五十八歳の自民党員は、すでに決定している脱原発をひっくり返す気だ。巨大な景気対策を敷く。そして、中国と対決しようとしている（リード）

衆議院選挙は、フクシマ後、初の選挙だった。安倍とともに、原発賛成者が政権の重要なポストに戻ってきた。辞任した野田は、二〇四〇年までに徐々に脱原発をすることを提唱していた。自民党は、この計画を引っ込めるだろう。国民の多くは、脱原発を支持しているというのに。

《ディ・ツァイト（オンライン）》（二〇一二年十二月二十七日）
日本の新政権は原発をどうするか思案中（見出し）
フクシマのメルトダウンはすでに忘れられたらしい。原発の新設さえ、あり得ないことではない。日本の新政権は原子力エネルギーに回帰しようとしている（リード）

日本は原発復活の一歩手前にいる。フクシマの原発の大惨事のほぼ二年後、保守新

政権の安倍首相は、安全と認定された原発の再稼働を宣言した。（中略）

安倍の自民党は、選挙運動中も、日本はさまざまな経済的な理由により、脱原発を貫徹することはできないという考えを表明していた。選挙の勝利が決まった途端に、原子力産業界はその圧力を強めている。エネルギー政策は、経済にとって重要な要素であり、よって、原発も再稼働されなければいけないと。

〝日本人は何も知らない〟というドイツの認識

ドイツのメディアは、明確に読者をある方向に誘導しようとしている。それは簡単に言えば、「日本国民は脱原発を欲している。しかし、安倍自民党が放った〝中国からの脅威〟という大砲に慄《おのの》き、〝景気立て直し〟という打ち上げ花火に見とれているうちに、原発の問題を考えることを止めさせられ、自民党を勝たせてしまった」というものだ。

これでは日本の有権者は、まるでバカだ。民主主義の精神が、いまだにわかっていない。自分たちの声を反映させることもなく、唯々諾々《いいだくだく》と権力者の声に従っている。自分の頭で考えることはできないのか、と言っているにひとしい。

こういう見方は、インターネットでニュースのあとに付随している読者のコメント欄にも顕著だ。〝フクシマから何も学ばない日本人〟は、〝自然よりも健康よりも、経済を重視する物質主義〟に侵されていて、〝人間の幸福、人間にとって一番大切なものがわからない〟のである。〝メルケル首相は、ドイツが脱原発を決定すれば、必ず他の国が後に続くと言ったが、そうはならなかったじゃないか〟という意見もある。ここには、ドイツ人ほどモラルの高い国はそうそうないのだという言外の自画自賛も含まれる。

先日、長女が言った。「私の日本の友人は、原発事故以来、お魚を食べないのよ」。「ずいぶん用心深い人ねえ」と私が答えると、「どんなに汚染されているか、わからないのに、どうしてそんな呑気なことを言っているの?」と来た。そして、確信とともに、「日本政府はすべて隠しているから、国民は知らないだけでしょ。フクシマの周辺では、子供たちがたくさん病気になっているけど、報道されないのよ」とも言った。結局、「そうなの。ドイツ人のほうが、よく知ってるんだ」と、卑怯《ひきょう》にも私は逃げた。そうしないと、水掛け論になるだけだ。

この〝日本人は何も知らない〟という認識は、たいていのドイツ人が持っているイメージで、日本人としては、否定したいが、否定するのがなかなか難しい。たしかに、政府は都合の悪いことを隠してきたし、これからもやんわり包み隠すかもしれない。大手のメディアが必ずしもすべてを報道しないということもありうる。そして、娘の言うように、口コミで漏れ出す情報に真実が含まれている可能性は、大いにある。つまり、魚は危険かもしれないし、危険でないかもしれないのだ。

だから、「ママは、お魚がそんなに危険だと思わないけどね」と言っても、それは、「魚は大変危険だ」という意見と、信憑性《しんぴょうせい》においては何ら変わらない。ただ、ドイツでは、〝きっと安全だろう〟と考える人間は、〝きっと危険だろう〟と疑ってかかる人間よりも、頭が悪いと思われる。彼らは上から与えられた情報は正しくなく、真実は探して見つけるものだと信じている。疑い、探す人間は自分で考えることのできる人間で、信じやすい人間より偉いというのは、ドイツ人が共有する認識である。

日本人が信じやすいというのは事実だ。それは私もよく感じる。たとえばドイツでは、銀行のキャッシュカードの暗証番号は、封印された封筒で本人のもとに送り届けられる。どう透《す》かしても、たとえスキャンしても絶対に中が見えない特殊な封筒で、受取人が切り取り線のところを切って、さらに2枚の紙をはがしていくと、四つの数字が表われる。しかも、この数字はコンピューターで自動的に作られるため、一切人間の目には触れておらず、どこにも保存されていない。つまり、暗証番号を忘れてしまった場合、世界で誰も知らないのだから、どうしようもなくなり、銀行に届けて新しいカードを作ってもらうしか方法はない。

ところが、日本でカードを作るときは、銀行で番号を紙に書いて渡す。会社の総務部が社員の口座をまとめて作ったりする場合は、使いたい暗証番号を書けと紙が配られる。だから日本では、他人の暗証番号を知ることのできるポジションにいる人間は、かなりの数になるはずだ。しかし、誰も、その人間が犯罪グループと通じているかもしれないなどとは考えない。冷静に考えれば十分にありうる話なのだけれど、最初から「まさかそんなことはないだろう」と漠然と思っている。ドイツではありえないことだ。

日本人があまり人を疑わない理由はとても簡単。それはドイツ人が思うように、頭が悪いからではなく、騙《だま》された経験が格段に少ないからだ。太古の昔より、他人を信じてもそれほど損もせずに暮らしてこられたので、物事をあまり悪い方向に考えない。ほぼ単一民族で暮らしてきた事情もあり、日本人同士の信頼感というのはいたく篤《あつ》い。いつも「いくら何でも、そんな悪い人はいないでしょう」と無意識のうちに思っている。

この傾向は、日常生活のあらゆる点で見られる。たとえば温泉一つとってみても、皆がお湯をきれいに保つという信頼感が根底にあるからこそ、気分よく浸《つ》かっていられるのである。「この中でおしっこをするやつがいるかもしれない」と疑いはじめれば、温泉はたちまち快適なものではなくなるはずだ。言い換えれば、日本人はずっと性善説で生きてきたのである。だから、疑うという能力は、私たちのDNAの中に、少ししか配分されていない。

そんな日本人が、今回の選挙で自民党を選んだ。しかし、私たちは自民党に騙されて選んだわけではない。自民党が原発を再稼働させるだろうことはちゃんと知りながら、それでも自民党を選んだのだ。別に、原発がよいものだ、できるだけたくさん稼働させたいなどと思っているわけではない。ただ、日本という国が生き残っていくために、今のところ、原発を稼働させるほかに方法はないと考えたから、あえて自民党を選んだのだ。冷静で、現実的な選択といえる。

「原発は悪」という論理以外は受け付けないドイツ

ところが、ドイツメディアの理屈でいくと、日本人が冷静に原発稼働を選択したなどということは、絶対に認められない。日本国民は反原発でなければならない。今でも毎週金曜日、首相官邸の前でデモを行なっていなければならない。それにもかかわらず、原発復活を企《くわだ》てる自民党が圧倒的多数の議席を獲得してしまった。これが日本人の積極的な選択であるはずはない。そんなことはあってはならない。

そこで、彼らの理屈は次のようになる。〝日本国民は、あくまでも脱原発を望んでいるが、安倍政権は国民の意に反して、再び原発推進の道を歩もうとしている〟と。

その理由は、①日本国民は、政府の行なってきた洗脳で、放射能の脅威をいまだに軽視している。②安倍政権は、不景気や中国の脅威で日本人の恐怖を煽ったので、国民は強い国を作るためには原発が必要だと考えるに至った。③日本国民は意識が低く、単に、便利でお金の儲かる生活を選んだ。

もちろん、私に言わせれば、どれも当たっていない。

安倍政権が原発を稼働させようとしているのは、それなりの日本の事情によるものだ。しかし、ドイツメディアはそれを説明する労を執《と》ろうとはしない。原発は悪で、反原発が善、それ以外の論理は一切受け付けない。

だから、原発を再稼働させる政府は悪。反原発のデモをする人は善。そして、自民党に投票したのは、思考力がまだ十分に成熟していない気の毒な人たちということになる。つまり、せっかく芽生えはじめていた反原発の草の根運動（善）は、権力という名のロードローラー（悪）と、それに便乗する人々（軽率）に、無残にも押しつぶされそうになっているのである。脱原発という正義を行なう知性と勇気のあるのは、やはりドイツ人だけであったと、彼らは心の中で思っている。

ドイツに暮らしていて、原発の話になると、とても難しい。私など、娘たち相手にしょっちゅう四苦八苦している。すべてを犠牲にしても脱原発をするべきだと単純に信じている人たちに、やむを得ず原発を選択するという思考は理解しがたいものなのだ。

先日も次女と話していて、「他のエネルギーもないのに原発を止めてしまって、いったい何で食べていけばいいのよ。五〇年前の生活に戻ることなんて、不可能でしょう。それどころか、国力が弱まれば、主権さえもだんだん侵される危険があるのよ」と言ったら、「大げさねえ、少しぐらい貧しくなったっていいじゃない」と言われたが、私が大げさなのではない。彼女が現実を知らなさすぎるのだ。しかし、多くのドイツ人は、もっと年齢の上の人も含めて、同じような考えの人が多い。

先行きが怪《あや》しいドイツの脱原発

ただ、実は私は、ドイツの脱原発は、ドイツ人が最初に想像したような形で成就するとは思っていない。あと一〇年足らずで原発をゼロにしなくてはいけないのに、見通しは暗い。ただ、ドイツ人はその現実を見ようとしない。冷静な彼らが、なぜここまですっきり無視できるのか不思議なくらいだ。

何がうまく進んでいないかということを数え上げれば、長いリストができる。たとえば、北ドイツの風力発電で作った電気を南ドイツの工業地帯に運ぶための送電線の建設工事が、遅々《ちち》として進まない。理由は、住民の反対だ。脱原発を決めたときには、送電線が家の近くを通ってもやむを得ないという模範的答弁をした人々が、いざ青写真が出来上がり、本当に送電線が家の近くを通るとなると大反対をしはじめる。そして訴訟になる。

今年の七月十八日には、チューリンゲン州の住民が起こしていた訴訟の一つに判決が下った。ドイツでは珍しくも、住民の希望よりも公共の利益を優先し、建設を許可する判決であった。

とはいえ、ここで争われたのは、たった五七キロの送電線であり、ドイツが脱原発のために必要としているそれは三八〇〇キロである。さらに皮肉なのは、建設許可が出たこの五七キロ分の送電線で運ぶ電気は、風力電気ではなく、東部ドイツの褐炭の火力発電で作られたクリーンでない電気なのである。

ドイツは、原発をなくすにあたって、今、火力発電を強化している。自然のエネルギーで電力の需要を賄《まかな》うのはまだ無理であるばかりか、自然エネルギーの生産が増えれば増えたで、それをバックアップする火力発電所も増やさなければならない。ドイツにおけるCO_2の排出はこれから増えると思われる。しかし、そういう情報は国民に嫌われるためか、あまり聞こえてこない。こういう真実を口にする人間（電力会社の技術者や学者）は、往々にして、電力ロビーに与《くみ》する悪玉のように切り捨てられてしまう。ちなみに、必要な送電線三八〇〇キロのうち、現在、完成しているのは十分の一にも満たない。

もっと深刻なのは、脱原発の頼みの綱、洋上風力発電だ。当初の政府の計画では、二〇二〇年に一万メガワット、二〇三〇年には二万五〇〇〇メガワットが目標だった。ところが、あまりの投資の大きさに採算が取れないため、投資家が手を引いてしまい、建設が進んでいない。今年の六月末までに洋上風力で発電している電気は、たったの三八五メガワットだ。

洋上でも地上でも、送電線が追い付かないようなら、どのみち、いくら風が吹いても何の役にも立たない。しかし、実際問題として、脱原発の成否を決めるのは、送電線が敷設できるかどうかなのである。

なお、日本が真似ようとしている「再生可能エネルギーの全量固定価格買取り制度」も、あまりにもお金が掛かり過ぎて、暗礁に乗り上げている。しかし、二〇年間、固定価格で買い取るという約束をしてしまったのだから、値切るわけにもいかず、その助成金の分は、すべて電気代に乗せられて、一般消費者が負担している状況だ。日本が、このような失敗モデルをなぜ真似るのか、私にはそれがわからない。

まだまだあるが、本書ではそれを書くのが目的ではないのでもうやめるが、私の言いたいのは、二〇二三年のドイツの脱原発は、失敗する可能性もかなり高いということだ。私は、失敗しろと願っているわけではない。日本は、ドイツが成功してから真似をしても遅くはないのではないかと考えているだけだ。

3　不安を煽るドイツメディア

ドイツ人はなぜ、レジのレシートに触りたがらないのか

ドイツメディアの特徴は、ことごとく視聴者の不安を煽る点だ。ただし、これはドイツ人の国民性のせいでもある。というのも、ドイツ人ほど、リスクに敏感な国民は世界にいないからだ。いや、彼らほどリスクの話が好きな国民はいないと言ったほうが正しいかもしれない。

リスク好きなドイツ人は、大してリスクのないところにも、無理やりリスクを作り出す。常に怖い話にアンテナを張っている。怖い話には皆が注目するので、メディアも喜んで、国民の恐怖を煽ることに専念する。つまり、メディアと国民は持ちつ持たれつ、怖くない話をとても怖くして、そのリスクをいかに軽減するかという方策を考え続けている。

昨年、レジでくれるレシートの薄い紙に発癌性があるというニュースが流れた。そんな

ことが、夜のゴールデンアワーのニュースになるのは、おそらく世界中でドイツだけだ。発癌性があるということは、レシートを触ると癌になるのだろうか。それとも、レシートを毎日せっせと食べれば癌になるのか。塩だって、毎日たくさん摂《と》れば癌になるというから、ありうることだ。レシートは絶対に食べないようにしよう。いずれにしても、赤ちゃんの離乳食には適さない。

「レシートはもらったらすぐに捨てましょう」とテレビのアナウンサーは言った。その後しばらくして、私の行く自然食品のスーパーでは、「レシートは要《い》るか？」と必ず訊くようになった。おそらくキャッシャーも、発癌性のある紙など触りたくないのだろう。たいていの人はノーという。「要る」と言った人だけに、プリントアウトしてくれる。

危険なのは、レシートだけではない。ドイツは、無差別テロの危険も高いのだ。イラクでは、しょっちゅう何かが爆発している。イラクで起こっていることが、ドイツで起こらないという保証は、もちろんない。

二〇一二年の十二月、ボンの中央駅で置き去りになっていた小さなスポーツバッグの中に爆弾が入っていたことがわかった。ただ、起爆装置がうまく働かず、幸いなことに爆発はしなかった。危機一髪で、ドイツ人は無差別テロの惨劇を逃れたのである。

しかし、その後が大変だった。内務大臣やら、警視庁の幹部がテレビに登場した。潜在的なテロの危険性を、われわれ国民に知らしめるためだ。警視庁の偉い人は厳しい面持ちで言った。

「警察は全力を挙げてテロの防止に努めている。しかし、動員できる警官の数には限りがある。人ごみの中に置き去りにされたスーツケースなどをすべて発見することはできない。市民の協力が必要だ」

内務大臣も言った。

「国民全員が、注意深く周囲に目を配ってほしい」

実際、日本にくらべてドイツでのテロの危険性は格段に高い。だから公安当局がこうした呼びかけをするのも無理はないし、必要なことでもある。だが、それにしてもこうしたときのドイツ人の反応は、われわれからすると過剰と思えることもある。

たしかにそのころ、シュトゥットガルトの街中には、警官の姿が増えていた。皆、置き去りのバッグを探しているのだ。呑気《のんき》に買い物などしている場合ではないが、おりしもクリスマス前で、繁華街はどこもかしこも買い物客で大混雑。もしテロリストがいたら、思う壺だ。

そんなある土曜の午後、友人と町で待ち合わせをしたら、携帯に電話が入った。

「ごめんなさい。不審な荷物が見つかったとかで、歩行者天国が閉鎖されているの。回り道をするから遅れるわ」

シュトゥットガルトにはアメリカ軍の大きな基地があるので、過激派イスラム教徒に狙われても不思議はない。それにしても、誰がその荷物を見つけたのだろう。私も一度くらい、置き去りスーツケースの発見者になりたいものだ。そう思いながら、野次馬根性丸出しで現場に行ってみると、怖いもの見たさのドイツ人の、凄い人だかりで何も見えなかった。

ベルリン中央駅における〝緊迫〟の場面

そのあとベルリンで、もっと緊張した場面に遭遇した。ここでも不審な荷物が発見されたらしい。ベルリン中央駅は、地上三階から地下二階の五層になっている近代的な建物だ。私が二階に上がろうと思うと、警官がエスカレーターを止めたところだった。階段で登ってみると、あちこちから警官が続々と集まってきて、二階の一角をテープで封鎖しはじめた。不審な荷物はどこだ？

予約した電車までずいぶん時間のあった私は、ほどよい場所に陣取って観察することにした。警官動員の原因はすぐにわかった。スーツケースではなく、ゴミ箱の横においてあるビニールの袋だった。買い物をしたときに品物を入れてくれる、店のロゴの入った普通のビニール袋である。あそこに爆弾が入っているのかと思うと緊張感が高まる。

だが、ゴミ箱の周りを大きく封鎖した警官たちは、何もしない。そこらへんをうろうろしながら、談笑しているだけだ。早くしないと、爆弾が爆発するのではないかと心配になる。なかなか事が進展しないので、サンドイッチを買ってくる。警官の目を盗んで、ときどき証拠写真を撮ることも忘れなかった。野次馬は私だけだ。さすがに駅なので、あまり暇な人はいないのだろう。

二〇分以上も経ったころ、警察犬が登場した。麻薬犬ならぬ、爆弾犬だ。ベージュ色の大きな犬で、一緒にいる警官とふざけ合っている。「そうか、警官たちはこの犬を待っていたのか」と思うと、犬が頼もしく見えた。とはいえ、あまり緊張感のない犬だ。ぴょんぴょん飛び跳ねて、遊んでいる。「こら、真面目にやれ！」と心の中で叫ぶ。ドイツの首都がテロリストに狙われているかもしれないというのに。

警官は、ゆっくりと犬をゴミ箱の方へ誘導していった。しかし、犬は何の反応も示さない。ということは、爆弾はないということか。

そうするうちに、警官が一人、ゴミ袋に近づいたと思うと、中身を覗《のぞ》き込み、それをひょいと持ち上げて、どこかへ運び去った。つまり、あれはゴミ箱に入らない、ただのゴミだったのか。数分で警官たちの動きが活発になった。封鎖のテープが解かれ、エレベーターのスイッチが入った。ついさっきまで、ここに大爆発の危険があったことなど何も知らない人々が、呑気そうにエレベーターに乗って上がってきた。

無駄になった二五〇〇万個の予防接種用注射液

こうして、この日のテロの危険は去った。しかし、ドイツ人が日夜、数々の危険に脅《おびや》かされていることには変わりがない。

ドイツの卵にはダイオキシンが混入しているし、食肉には、鶏や豚が存命中に投与された抗生物質や成長ホルモンが残留している。このような卵や肉を食べた人の健康には、必ずや何らかの悪影響が出るはずだ。だから、こういうニュースが出るたびに、毎度、大騒ぎになる。「もう、肉は食べない」とか、「監視を強めるべきだ」と、皆が言い出す。しかし、ほとぼりがさめると、次にまた類似のニュースが出るまで、再び、皆でモリモリと肉を食べ、たくさん卵を入れたケーキを焼く。

そういえば、肉に残留している薬品の危険性ばかりでなく、肉を食べること自体の危険性も、定期的にニュースになる。肉は体に悪い。大腸癌になる。理想の肉の消費量は、週〇・六キロだという。年間では約三〇キロだ。しかし、二〇一一年のドイツ人の肉の消費は、連邦統計局によれば、年間で一人あたり六一キロ。近年、減っている形跡もない。結局、さまざまな警鐘が鳴らされても、肉に関しては、皆、すぐに忘れるようだ。

二〇〇九年に新型ウィルスのインフルエンザが話題になったときも、ドイツ人はパニックになった。新型インフルエンザは、元々が豚に由来したもので、ドイツではこれを今でも「豚インフルエンザ」と呼ぶ。そして、メディアは豚インフル・エピデミー（地方的流行）が起こるという予測で人々の危機感を煽った。

それを受けて、各州の保健省は、予防注射液を合計五〇〇〇万個も発注した。喜んだのは製薬会社だ。というか、この騒ぎは、元々製薬会社の陰謀か、あるいは、製薬会社と保健省の合作だった可能性もある。

いずれにしても、豚インフルエンザの大流行は起こらず、しかも、国民は予防接種によるリスクも啓蒙されており、予防接種に二の足を踏んだので、注射液は余りに余った。そこで、各州の保健省は、まだ納入されていない二五〇〇万個をキャンセルしたのだが、製薬会社がそれをあっさりと認めたかどうかはわからない。たしかなことは、かなりの税金が、使われなかった注射液のために消えたということだ。

当時、公式の豚インフルエンザの犠牲者は、世界で一万一五一六人だった。もちろん、実数はもっと多いはずだ。一番犠牲者が多かったのがアフリカ。ただ、アフリカは元々衛生状態も、人々の栄養状態も極めて悪い。ドイツのように、国民の八五パーセントが毎日肉を食べているような国とは、人々の抵抗力は比べ物にならないほど低い。豚インフルエンザにかからなくても、人がどんどん亡くなっている国なのだ。それに比べて、ドイツでは、豚インフルエンザにかかっても普通の人は死なない。亡くなるのは、抵抗力がアフリカの人並みに弱っている人だけだ。エピデミーになるという予測はいったいどこから出たのか、それが今でも謎だ。

ちなみに、わが州の購入してくれた豚インフルエンザ予防注射液の効用を十分に享受したのは、私だったと思う。当時、日本では「新型インフルエンザ」はドイツよりも流行っているようだった。そこで、ドイツから日本へ発《た》つ前、せっかくの東京での貴重な時間をベッドの中で過ごすのもバカバカしいと、私は予防接種を受けた。

その当時、長女が日本の大学に留学して、東京で下宿していた。大晦日《おおみそか》の夜、高熱を出しているという知らせが入った。元旦に駆け付け、よくならないので、二日に救急病院へ連れていったら、新型インフルエンザと診断された。仕方なく、数日間、傍《そば》に付いて看病したが、私は予防接種のおかげで感染することもなかった。

ちなみに、ドイツでは予防接種はすべて無料だ。感染したあとの治療に掛かる医療費よりも、予防接種代のほうが安いという計算なのだろう。

原発国に取りまかれていることの「不安」は煽らない不思議

ドイツ人の編み出すリスクはまだまだある。電子レンジは、マイクロ波の体に及ぼす影響が不明だということで使わない人がたくさんいるし、携帯電話やワイヤレスＬＡＮの電波が脳に与える悪影響も恐れられている。実際、夜には、電波の出るものをすべて止めてから寝る人も、私は知っている。

遺伝子組み換えをした農作物は絶対的なタブーだし、世界中の海の魚は、もうすぐ日本人が全部獲《と》って食べてしまうと思われているし、まもなく地球温暖化で水位が上がり、北極のシロクマはおぼれ死に、オランダもベネツィアも海に沈んでしまう。そして、何より恐ろしいのは、ドイツがEUの財政破綻国の餌食《えじき》になり、メルケル首相はドイツ人の持ち金をすべて摩《す》り、貧乏になったドイツ人の定年はますます延びて、挙句の果て、働きすぎでボロボロになったドイツ人は、ろくに年金ももらえず、ろくな医療も受けることなく死んでいかなければならないことだ。そうでなくても、週末や夜間に働かなければいけない人々の数はますます増えて、燃え尽き症候群はすでに大きな社会問題なのだ。

でも、私の見るところ、実際にはまだ、ドイツ人は十分な休暇と贅沢《ぜいたく》な医療を享受している。その証拠に、先日は、薬の飲み合わせがニュースになっていた。高齢者が複数の医者に掛かっているときなど、大量の薬を処方されている場合が多い。しかし、どの医者からどんな薬を処方してもらっているかを、他の医者に正確に伝えていないことがしばしばある。そういう場合、複数の処方が危険な薬の組み合わせになっている可能性があり、すべて服用すると命にかかわるというのだ。しかし、そのあとですぐ、「だからといってパニックになる必要はない」と言うので、聞いていた私はわからなくなった。パニックになるなというなら、命にかかわるなどと脅かすようなことは言わないでほしい。

福島の原発事故のあと、一番大騒ぎをしたのはドイツ人だった。それも、日本からドイツへ放射性物質が飛んできて、ドイツ人の健康が害される可能性を、メディアは執拗に報道した。福島原発建屋が水蒸気による爆発を起こす映像は、何度も繰り返されたが、そのうち、これでは迫力が足りないと思ったのだろう、もっと怖くするために、ドカーン！という不気味な爆発音まで付け加えてくれた。こうなると、メディアの目的は明らかだ。皆を怖がらせることである。

そして、メディアの思惑通り、皆がパニックに陥った。リスクマネージメントというよりも、ほとんどヒステリーだ。福島の事故から二年経《た》とうとする今も、ドイツへ戻ったまま、決して再び日本へ戻ろうとしないドイツ人は多い。

ただ一つ、私が今でもわからないのは、福島の事故の後、ドイツ人は脱原発を決めて、それですっかり安心しているところだ。国内の核廃棄物のことは、不安材料としてしょっちゅう話題に上るが、周辺国の原発のことはほとんどテーマにならない。ロシアや東欧には原発がたくさんあるばかりでなく、これからもどんどん増やす意向だ。フランスやオランダも原発国なので、ドイツはいうなれば、原発国のど真ん中に位置している。どこかで事故が起これば、福島どころの騒ぎではないはずなのに、メディアはその不安は煽らない。これは、レシートの紙の発癌性よりも絶対に危険だと思うのだが、メディアはどういう基準で怖い出来事を選んでいるのだろう。

2章　尖閣と慰安婦を、ドイツはどう報じたか

1　尖閣と歴史問題をリンクさせるドイツ

問題の種を蒔《ま》いたのは日本

二〇一二年、『恥辱の岩』というタイトルの記事が、《ディ・ツァイト》に載った。岩というのは尖閣諸島のことで、ドイツの新聞は、「誰も住んでいない数個の岩」というような書き方をよくする。「こんなちっぽけの岩のために何を大げさに争っているのだ。バカみたい」というニュアンスだ。

ドイツ人は海とはあまり縁がないので、島を軽視している。島というのはイングランドとか、少なくともコルシカくらいの大きさがなくてはいけないと思っているのかもしれない。しかし、魚釣島《うおつりじま》も久場島《くばじま》も、かつては人が住んでいたそれなりの島だ。私は二〇一二年六月に漁船に乗ってそこまで行き、この目でちゃんと見てきたので、少なくとも「岩」でないことは断言できる。

そもそも日本にとっては、島はすべて財産だ。沖《おき》ノ鳥島《とりしま》だって、れっきとした島である、というか、島でなければいけない。もっとも、うっかりしていると風化して、満潮時でも沈んだままになってしまう危険性は認めている。そして、そうなると日本の国土面積を上回る排他的経済水域が失われ、取り返しのつかないことになることも知っている。だからこそ、コンクリートやらチタン製のネットでケアしながら、島の安泰を八百万《やおよろず》の神に祈っているのだ。ただ、そんなことをドイツ人に言うと、彼らはまた正義の味方ぶって、「それは正しいことではない！」などと口角泡を飛ばすだろうから、絶対に言わない。

さて、『恥辱の岩』の恥辱のほうは何かというと、中国は日本に対して恥辱を感じており、その感情を拭《ぬぐ》い去るために、尖閣諸島を取り戻そうとしているという彼らの解釈が、この言葉に植え込まれている。尖閣は中国にとって、「恥辱」を拭い去ることができるかどうかの試金石というわけだ。つまり、種を蒔《ま》いたのは日本人。私がドイツ人なら、「なるほど！　それがこの不可解な領土紛争の背景か」と思うだろう。

九月二十日付の《ディ・ツァイト（オンライン版）》は言う。

九月十八日火曜日、この日は日本が中国への侵攻を開始した日だ（訳注：一九三一年九月十八日勃発の満洲事変を指す）。毎年巡ってくる苦渋の日（訳注：中国人にとって）。しかし今日、それが再び現実の出来事となりかけている。東シナ海のちっぽけな島をめぐって、中国と日本がもう少しで武力抗争というところまできているのだ。

「ディアオユ（Diaoyu）島は、我々のものだ」とデモの参加者が叫ぶ。「日本に宣戦布告しろ！」

毛沢東のプラカードには、「偉大な指導者の思想によってのみ、日本を打ち負かすことができる」という文字。「東京を虐殺しろ！」というスローガンも見える。

最後の「東京を虐殺しろ」というのは、もちろん〝南京虐殺〟に掛けてある。ドイツ人は、世界中で、中国人の次に南京虐殺の話が大好きな国民で、もちろん中国のでっち上げた超残酷ヴァージョンを盲目的に信じている。かつてのドイツの租借地であったチンタオ（青島）を知らないドイツ人でも、ナンキンは知っている。

とはいえ、ここドイツでは中国謹製以外の南京ヴァージョン、たとえば亜細亜大学の東《ひがし》中野《なかの》修道《しゅうどう》教授の緻密な検証に基づいた学説などは一切取り上げられないのだから、一概にドイツ人の不勉強を責めるわけにはいかない。いずれにしても、ドイツ人が知っている中国の都市の名は、たいてい北京と上海とナンキンの三つだけだ。

記事はさらに続く。

これがすべて、東シナ海の数個の無人島のため？　しかも、それは日本国のものではなく、ある個人の所有するものにすぎないというのに。

日本人は、この諸島を尖閣と呼ぶ。中国ではディアオユ。管理は日本がしているが、中国も台湾もそれを認めていない。中国は、明《みん》時代の古文書により、自分たちの主張を確立しようとしている。

日本の主張では、彼らがこの諸島を一八八四年に発見したとき、中国人がこの島にいたという形跡は何もなかったという。ところが一八九五年、日清戦争の間に、日本はこの諸島を領土にくわえた。一九四五年の降伏の後、島はアメリカの管理下に入り、一九七二年になって日本に返還された。しかし、そのとき主権が明確にされなかったらしい。この海域に原油やガスの埋蔵が推定されていることを考えれば、曖昧な措置であった。

ところが当時、東京と北京の意見は、この解決していない領土問題が、両国の関係を悪化させてはならないということにおいて、すぐさま一致し、それは守られた。

この記事を読んで尖閣問題の本質を理解しようとするのは無理な話だ。とはいえ、たいていのドイツ人は、見出しだけ読んで、次の記事に行くので問題はない。「恥辱の岩？何それ？」でおしまい。

ただ、たまたま私のドイツの友人たちは、紛《まぎ》れもなく私のせいで、この問題に興味を持っていたこともあり、記事が出るたびに理解しようと努力をしたが、しかし、残念ながら理解できた者はいなかった。その一番の原因は、彼らの知的能力の欠如ではなく、記事を書いている記者が皆、自分が何を書いているかがわかっていなかったからだと思う。

今、例に挙げているものもそうだ。そうでなくてもお粗末な記事なのに、ところどころ読者に理解できる部分に限って、内容がおかしい。

中国が明時代の古文書を持ち出して尖閣の領有を証明しようとしているというが、それが本当に存在するのかどうかというところは、うまくぼかして書いてある。いずれにしても、日本でのニュースではそんな話は一切出ていない。ということは、中国はそういう古文書があると匂わせているだけなのか。あるいは、捏造した？　一方、日本語のニュースで読んだのは、中国が国中の古い地図を没収しているという話だ。その理由なら誰にでも想像できるが、それは書かれていない。

しかもこの記事を読むと、日本は日清戦争で中国が弱ったときに、どさくさに紛れて尖閣を日本領に編入してしまったような印象を受ける。「東京と北京の意見は、この解決していない領土問題が、両国の関係を悪化させてはならないということにおいて、すぐさま一致し、それは守られた」というのは、当時の田中角栄《たなかかくえい》首相と周恩来《しゅうおんらい》首相との会談での尖閣問題「棚上げ」を指す。もちろん、この記事ではそんなことは一切わからないが、まあ、それはいい。しかし、いよいよおかしいのは次だ。

ただし、（棚上げが守られたのは）二〇一〇年に、中国の漁船が尖閣諸島の近くで日本の巡視船二隻に衝突するまでだ。漁船の船長がどれだけ酔っ払っていたのかは、いまだに意見の分かれるところだ。いずれにしても、この衝突事件は外交上の問題にまでエスカレートした。日本は漁師を拘束し、中国の釈放の要請を拒否した。そのため、北京は日本と政治的に断交し、ハイテク産業で欠かせないレアメタルの日本への輸出を停止した。

先週、ついに日本政府は、島の持ち主から二六〇〇万ドルで島を買い取った。これは実は、超右翼の東京都知事がこの島を買うことを阻止するための措置であった。しかし、これにより、北京と中国メディアはいきり立ち、なだめることは不可能となった。

かなり意味不明だが、それはさておくとして、まず、ぶつかってきた漁船の船長が酔っ払っていたかどうかはともかく、この記事では、酔っ払いが漁をしながら、うっかり衝突してしまったように聞こえる。しかし、映像を見た限り、日本人なら誰もが知っているが、衝突はそんな呑気なものではなかった。漁船はまず日本の領海を侵犯し、警告する巡視船にわざとぶつかってきている。そもそも、漁船というのがおかしい。漁船が海上保安庁の巡視船にこれほど攻撃的にぶつかってきたりはしない。この記事を書いた記者は、この映像を見ていないのか。誰かの言ったことをそのまま書いたのか。

しかも、「日本は漁師を拘束し、中国の釈放の要請を拒否した」という文章は、あたかも日本側が事を荒立て、悪気がなかった酔っ払いの漁師を拘束し、人権を侵害したかのように聞こえる。

極め付きは、「超右翼の東京都知事」。東京は超右翼が仕切っていると知らなかったのは、私だけだろうか。プーチン大統領のことさえ、ドイツメディアは超右翼とは書かない。世界のメガロポリス、東京とは、実はモスクワよりも恐ろしいところなのだ。

そして、そのあとに続くのが、なぜ中国がここまで捨身になって抗議しなければいけないほどの屈辱を身に纏《まと》ってしまったかという説明である。


中国の一〇〇年の国家的屈辱の物語によれば、日本は最大の暴力国家である。もちろん、その物語の中の戦争は作り話ではない。そして、それによって引き起こされた屈辱も、作り話とは言えない。

最初はアヘン戦争だ。この皇帝の国が、十九世紀の中ごろイギリスに征服され、地球上唯一の大国であるという何千年も培《つちか》ってきた自意識が破壊された戦争。そして、次は日本に対する敗北。かつて朝貢に訪れていた国、日本が、一八九四年から九五年にかけての日清戦争で帝国を打ち負かしたのだ。さらに、数十年後には中国に侵攻。

第二次世界大戦中の抗日運動は、明らかに中華人民共和国の産声《うぶごえ》であった。抗日によって初めて、共産党員は、民衆の共感を得ることができ、のちに国民党に勝利することができた。「日本を負かし、国民を救う」というのが、若い共産国の成立の神話となった。毛沢東《もうたくとう》は、外国の抑圧の鎖から国民を解放した。一〇〇年の国家の屈辱に終止符を打ったのである。その後、何百万人もが、その「解放」で命を落とすことになろうとも。

これは、ドイツ人の特徴的な書き方だ。中国人が屈辱を感じていることは事実としながら、それに至った経緯が皮肉ってある。中国人が読んだら、やはり腹を立てるだろう。

これで、出世欲の突出した薄熙来《はくきらい》と、イギリス人の殺人で有罪となった同夫人をめぐる、いまだ終結をみないスキャンダルから目を逸《そ》らさせることができる。

これももちろん皮肉だ。政治スキャンダルから目を逸らさせる作戦であったというところは、かろうじて合っている。

そうするうちに、ウェブサイトを運営し、政治的な圧力を行使し、政府に意見を押し付けるような国家主義的な共同体や、愛国的論争の場が形成されはじめた。

まさにこれが、集団的な屈辱から引き起こされる国家主義的動機をとても危険なものにする。しかも、日本は中国人に、彼らが憤《いきどお》るための機会をいくらでも作ることができる。日本政府は中国占領中に行なった残虐行為について謝罪することに積極的ではない。日本の右翼は、いまだに中国人の傷口をこじ開けるのが好きだ。

歴史的屈辱を訴える中国人の永遠のプロパガンダは、危険な復讐の感情を引き起こす。「もしも日中間で戦争が勃発するなら、中国の国民が過去一〇〇年間の屈辱を、心理的に洗い清められる戦争でなくてはいけない」と、政府の御用新聞《環球時報》は書く。「領土問題が日本の思うように解決するなら、それは中国にとって、二重の屈辱となる」と。

「尖閣は中国領」がドイツ人の常識

尖閣問題を、日中戦争から第二次世界大戦にかけての日本軍の行為と結びつける論法は、同紙に限ったことではない。ほとんどのメディアが、日中の紛争の根本原因は、日本が謝罪を怠っているからだとしている。それが、一番もっともらしく響くからだろう。つまり、私に言わせれば、記者の怠慢だ。

「まえがき」で紹介した記事などは、その意味で象徴的だ。

あらためて、《ドイツラジオ》のその記事の全文を紹介したい。

そもそも日本政府は、まったくの誠意をもって事に臨んだに過ぎない。問題の尖閣諸島（中国ではディアオユ諸島と呼ばれているが）の購入は、国粋主義的保守の東京都知事の機先を制するために起こったことだった（訳注：東京都が購入していたら、もっと悪いことになっていたという意味）。既存の取り決めに基づき、日本政府はこれまで、日本の南端から四〇〇キロも西に位置するこの諸島に上陸することを禁じていた。これにより、一九七二年より、日本が実効支配している尖閣諸島の領有を主張しはじめた中国との紛争が、先鋭化することを避けようとしていたのである。

しかし、東京都知事は、尖閣諸島を購入した暁《あかつき》には、そこに漁民のための小さな港を建設することを宣言した。これが実現していたなら、日中関係は、一段と悪化していたことだろう。そこで、日本政府は自ら島を買うことにしたのであった。

日本が常に冷静に、思慮深い行動をとっているとは言えない、こと尖閣諸島に関しては。尖閣は紛れもなく日本の領土であり、日中の間に領土問題は存在しないという公式の見解一つとってみても、この問題がなぜ起こったかという現実政治からひどくかけ離れている。

また、二年前の中国漁船の船長の訴え、または、最近起こった台湾や香港の活動家の拘束も、無為に事を荒立てた。

もちろん、中国政府が内政に問題を抱えており、わざと尖閣問題をエスカレートさせたということもありうる。しかし、日本政府の外交が稚拙で、自らの欠点を見抜けず、うまく対応することができなかったというのも事実だ（訳注：民主党が官僚を無視した結果、従来の中国との外交パイプを使えなかったということを意味している）。なんといっても中国は、日本にとって一番重要な貿易相手で、両国は経済的に深く絡み合っているのだ。本来なら、どちらの国も、本当に深刻な紛争に持ち込む気がなかったはずである。

ただ、アメリカの（訳注：中国に対する）圧力は、次のような結果をもたらした。中国人が中国において繰り広げた無法行為に対し、日本人が驚くほど冷静に対応しえたのである（訳注：アメリカの後ろ盾で、日本が冷静さを保てたという意味）。

八月の初め、日本の外交は、はからずも同様の失敗を犯していた。韓国との間の竹島、あるいは、独島をめぐる領土問題がエスカレートしていた。

もしも、この韓国、そして、中国との争いをよく見るなら、日本が怠ってきた歴史問題の総括が重要な意味を持っているということに気が付くはずだ。韓国の大統領は、領土問題は、いわゆる従軍慰安婦問題において、日本が謝罪に踏み切らないことが原因となっていると、明確に指摘している。従軍慰安婦というのは、第二次世界大戦中に日本の軍隊の売春所で売春を強要された韓国人女性のことである。多くの韓国人が、日本の占領下で味わわなければならなかった苦しみについて、納得のいく謝罪はいまだになされないままだ。これは中国人に対しても当てはまる。もっとも、日本の天皇が一九九二年に中国を訪問し、遺憾の意を表明したとはいえ。

つい最近の中国での反日デモは、満洲事変の記念日に最高潮に達した。満洲事変は、日本軍が自作自演した事件で、それが日本軍の満洲への侵攻、そして、それに続く中国全土での数々の残虐行為につながった。この事実の一部は、今日においても、一部の日本人によって否定されており、教科書にもほとんど記述がない。そして、日本の子供たちは徹底的に竹島と尖閣諸島の領有について〝啓蒙〟されている。

日本はドイツと同じく、第二次世界大戦の暴力国家であった。しかし、この困難な時期の歴史の解明は行なわれていない。徹底的で自省的な過去の総括なしには、日本は、現在起きている領土問題を解決することはできないだろう。

冒頭にも書いたが、これは公正な記事とは言えない。《朝日新聞》も顔負けの偏向記事だ。クーヤート特派員は、東京にいながら、中国人や韓国人とだけ付き合っているのではないか。しかも、明瞭な意図を持って近づいてくる多くの中国人や韓国人と。

ここに挙げた記事は、たしかにお粗末きわまりないものだが、実のところ尖閣や竹島、日中・日韓の歴史問題に関する記事は、どれも大差ない。ほとんどが中国・韓国の言い分の鵜呑《うの》み、日本側の主張の完全無視、しかも著《いちじる》しい事実誤認から出来上がっていると言って過言ではない。

また、遺憾なことに、ほとんどのドイツ人にとって、こうした記事の過誤を判断するだけの基礎知識もなければ関心もない。したがって、読めば必ず書かれていることをそのまま信じることになる。いつもは疑い深いドイツ人も、この問題については、疑うことをしない。

　したがって、大方のドイツ人にとって、尖閣は本来中国のものであったのを日本が掠《かす》めとったもので、悪いのは日本だというのが常識となっている。日本政府と日本人は、この事態を放っておいてよいものだろうか。

2 「従軍慰安婦」報道の理不尽

ドイツ連邦議会の日本非難動議

二〇一二年二月二十九日、「『慰安婦』の苦しみの承認と補償」というタイトルの決議案が、SPD（ドイツ社会民主党）議員団の連名で、ドイツの連邦議会に提出された。一九九七年にアメリカの下院で採択された「従軍慰安婦問題の対日謝罪要求決議」を見習おうというものである。

決議案の内容は、慰安婦制度という第二次世界大戦中の日本の「皇軍」による犯罪を日本政府に認めさせ、謝罪、および補償を促すこと。動議の提案者としては著名な政治家が連なり、元連邦外務大臣、フランク＝ヴァルター・シュタインマイヤーの名前も見える。

決議案の全文は、ドイツ連邦議会のホームページに、「政府刊行物17/8789」として掲載されている。以下はその訳文からの抜粋だ。

「慰安婦」あるいは、“Comfort Woman”という言葉は、国際的に使われている、第二次世界大戦中に日本軍の売春所などで売春を強制された婦人、および少女を美化した呼び方である。これらの売春をさせられたのは、主に韓国、中国、台湾、ビルマ（ミャンマー）、ベトナム、フィリピン、オランダ領インド、ポルトガル領ティモール、インドネシアの出身者だ。

拉致され、売春を強要された女性の数は、日本が記録を公表しないこともあり、今日でも推定が難しい。慎重な推定によると、一番多かった韓国の女性が二〇万人であるという。この数字は韓国の推定で、中国の推定によれば一四万人。強制売春の結果、生き延びられた被害者の数は全体の三〇パーセント。数えきれないほど多くの女性は、戦地に置き去りにされ、多くの女性は自殺をした。また、たいへん多くの女性が不妊症となった。

このテーマについての社会的、そして、政治的な総括は、過去も現在も遅々として進んでいない。なぜなら、被害者の国では、売春は、それがたとえ強制されたものであってもタブーであり、女性の恥であるからだ。売春を強制された多くの女性は、解放された後も自殺をするか、あるいは、今日まで沈黙を保っている。金学順《キムハクスン》（Kim Hak Soon）は、一九九一年、記者会見で自己の運命を公表した最初の勇気ある韓国女性だ。彼女にならって、八〇〇人の女性が、他の国々からも名乗り出た。

日本では一九九一年、戦争犯罪としての強制売春の調査が始まった。一九九二年には、日本はその調査報告の中で、軍と官庁が売春所を作り、女性を徴集したという事実を認めたものの、女性は自分の意思で働いていたと主張した。この主張と、売春を強要された女性を無視した報告により、当時、日本政府は国の内外において大きな非難を浴びた。そこで、政府は第二の調査を実施したが、この調査報告もまた非難された。というのも、この報告は、秘密にされていた多くの資料を取り上げることがなかったうえ、強制、および徴集という性質を曖昧にしか表現しておらず、当時の日本政府や官庁や企業の責任が明確でないからだ。しかし、金学順の例は、ゆっくりながらも意識の変化をもたらした。（中略）

日本政府も、一九九三年には内閣官房長官、河野洋平《こうのようへい》を通じて、拉致と売春の強制の事実を認める声明を発表し、犠牲者の受けた肉体的、精神的な傷について謝罪をした。それでも議会では、慰安婦の問題についての法案が一四回も否決された。（中略）

橋本龍太郎《はしもとりゅうたろう》という当時の首相は、二〇〇九年に開かれた女性差別撤廃委員会（CEDAW）の交渉において、要求されている賠償は講和条約ですでに片づいていると根拠づけ、今後、政府が犠牲者に賠償を払うことは決してないとした。

その代わりに、日本政府は「アジア女性基金」を設立することを決めた。これは、国家でなく企業の主導で賠償が行なわれるため、国家を賠償から解放するためのものだと、強く非難された。アメリカ合衆国は、すでに一九九八年、日本政府には法的に謝罪義務があり、企業が出資する基金に責任を持たせるのは正しくないと認識している。とりわけ、台湾と韓国の犠牲者は、今日まで企業からの賠償は拒否している。また、日本政府が北朝鮮、中国、マレーシア、東ティモール、ミャンマー、タイ、パプアニューギニアの政府と交渉していないので、それらの国の慰安婦の犠牲者たちは、賠償を受け取るチャンスがない。一応、二八五人の当時の慰安婦に賠償が、そして、七九人に医療費が支払われたのだが、基金の支払うものは、慰安婦の慰謝料として見合ったものではない。二〇〇七年より、基金は活動を停止した。

日本では、その他の法律的な総括も、まったく機能しない。日本の司法は、これまで一〇件の個人の訴えを却下した。そのうち三件は最高裁までいったが、却下の理由は常に、この案件は日本の民事ですでに時効である、そして個人が国家を訴えることはできない、また、要求はすでに二国間の条約により片が付いているというものだった。

しかし、それは正しくない。ある国際的な法律委員会は、すでに一九九三年、慰安婦のシステムは、人間の尊厳に対する犯罪であり、よって、法的な処罰に値するということを明らかにしている。この慰安婦システムは、一九二一年の「婦人及び児童の売買禁止に関する国際条約」と、一九二六年の「奴隷制と奴隷の売買の禁止」と、一九〇七年の「市民の扱いと家族の保護に関するハーグ陸戦協定」に違反している。また、個人の訴えも、一九五六年に日本が批准した「人権に対する声明（八条）」と、「市民的及び政治的権利に関する国際規約（第二部の二条三段）」により、日本国内での提訴、および日本に対する訴えも、ともに有効であるとされた。

アメリカ合衆国は、いくつかの異なった委員会で、このテーマに取り組んだ。たとえば、一九九三年のウィーンでの国連の人権会議や、一九九五年の北京の世界女性会議など。日本は、合衆国のこの件に関する管轄権を認めていないが、合衆国は人権剥奪で日本の責任を指摘し（一九九七年）、犠牲者は個人補償を得ることができると認めた（一九九六年）。

（中略）ゆえに、ドイツの連邦議会は、戦争犯罪の追放と解明の意味についての知識によって、慰安婦を、彼女たちの懸案において支援したい。このテーマは、今でも生きている。しかし、年老いた慰安婦は消えていく。一刻も早く行動に移さなければいけない。

これが前文である。そしてSPDは、ドイツ政府が日本に対し、次のような働きかけをすることを要求した。四項あるが、一番重要と思われる四番目を挙げる。

四．国連の組織、および、日独二国間関係を利用し、次のことを実行に移すこと

●日本軍によってなされた慰安婦に対する人権の侵害の、戦争犯罪、および性の奴隷であったということの承認、そして、生存者への公式の謝罪

●日本がこの問題の、政治的、かつ社会的な総括に着手し、および、それについての国連との共同作業を開始すること

●国連の推奨事項の実行と、犠牲者への賠償の支払い、および、責任者の処罰

●この問題の解明を目指すＮＧＯが、日本の官庁の持っている記録を自由に閲覧することを可能にするための介入

引用はここまでにする。

戦争犯罪に対するドイツのダブル・スタンダード

これらは、アメリカの議会で起こった「日本非難決議」の後を追ったもののようだが、よくもまあ、こんなことが言えたものだと思う。慰安所の運営が良いことだとはもちろん思わないが、同じ時期、ドイツ国防軍も同様のことを行なっていたことを思えば、この非難は、まさに泥棒が泥棒を交番に引っ張っていこうというようなものだ。

彼らが問題にしているのは、日本軍がか弱い婦女を拉致して売春させたこと、そして、その女性たちを残虐に扱ったことのようだが、それらはすべて韓国人の生き残り自称「慰安婦」の証言に拠《よ》ったもので、つまり、検証はなされていない。したがって、証拠もない。

しかし、日本側がそれを指摘すると「証拠は日本政府が隠滅したからないのだ」と言わ

れるし、元日本兵が日本軍に少しでも有利になるような証言をすれば袋叩きにあうし、要するに、われわれは反証を試みることさえできない。日本を徹底的に悪者にしようとするところが、構図としては東京裁判とよく似ているが、ドイツ人がこれを嬉々《きき》として日本に対して行なうというのが解《げ》せない。国際社会というのは、げに恐ろしいところである。

ごく個人的な意見を述べるなら、従軍慰安婦にしろ、普通の売春婦にしろ、私は売春をしている女性に深い同情を禁じ得ない。彼女たちは自発的にやっているというような意見も目にするが、要は、貧困、その他の理由で、他の選択肢がなかったということだろう。たくさんの選択肢がありながら、自発的に売春婦になろうという女性は、よほど異常な趣味でない限り、あり得ないのではないか。

文学作品にときどき、売春婦との甘く、切なく、哀しい物語があるが、作者は皆、男性だ。売春行為は女性が書けば、反吐《へど》の出そうな忍従の時間の描写となり、私は、売春婦の心理の真実はこちらにあると思っている。それは、江戸時代の遊郭など、教養やお金のある男性が遊んだ場所でさえ、たいして変わらないはずだ。ただ、こちらでは、売春をする女性に、少し夢を見る余地は残されていたかもしれない。

しかし、従軍慰安婦は違う。女性が、性欲の排泄場所として利用されるこの施設のどこに、夢を見る余地があっただろう。知らない男性、それも、お風呂にも入っていない汚い男性にいじくり回されて喜ぶ女性がいるなら、教えてほしいものである。彼ら兵隊が売春宿の前で、嬉々として自分の順番を待っている写真を、健康的でほほえましいと見るのは、男の身勝手も甚《はなは》だしい。

そして、そういう不幸な女性は、今も世界中にいる。そういうレポートを見るたびに、私は、自分がそういうことをしなくて暮らせる境遇に生まれたことを、ひたすら感謝する。女性と子供は、世界の多くの場所で、いまだに弱者なのである。

ただ、そうはいっても、現在進行中のドイツ人の日本攻撃は看過できない。

要は、生存者に賠償を払えということだが、ドイツ人はそもそも、国防軍が戦時中に行なった虐殺などの戦争犯罪にも賠償はしていない。賠償を払ったのは、ホロコーストの犠牲者にだけである。ギリシャやイタリアで住人を村ごと皆殺しにしたような事件（たとえばディストモの虐殺、マルツァボットの虐殺など）は、戦後、訴えられても、賠償はすべて拒否している。理由は、「個人が国家を訴えることはできない」という、まさに、それによって彼らが日本政府を非難しているのと同じものだ。議員たちがそれを知らないはずはない。ドイツ人は、厚顔という点ではアメリカ人よりもずっとましだと思っていたが、これでは似たようなものだ。

絶滅収容所にもあったドイツ軍の慰安所

英語の俗語で売春婦のことをフッカー（Hooker）というそうだが、これはHooker's Girlsから来ている。フッカーとは、南北戦争当時の北軍の将軍、ジョセフ・フッカーのことだ。フッカー将軍は大酒飲みのうえ、女好きなことで有名で、彼の部隊には売春婦の一団がいつも付いて回り、将軍だけでなく、その兵士たちを相手に商売をしていた。そのうち、そこから軍の機密が漏れる恐れが出はじめ、漏洩を防ぐため、特別に慰安婦の部隊を結成し従軍させたという。おそらくこのフッカーズ・ガールズが、世界で最初の従軍慰安婦だろう。

売春婦は遠く太古の昔より、戦地であろうがどこであろうが、常に軍にくっついて移動していた。南北戦争で始まったわけでは、もちろんない。小説を読んでも、遠征中の軍と売春婦はいつも一緒だ。そして、戦況が本当に危険となり、軍の壊滅が近づくと、売春婦はあっという間《ま》に消えたのである。

現代史家の秦郁彦《はたいくひこ》氏によると、「第二次大戦中の日本とドイツは、軍が管理する慰安所型、アメリカ、イギリスは民間経営の売春宿利用型、そしてソ連はレイプ黙認型でした」とのこと。また、「日本軍の従軍慰安婦問題をもっとも激しく非難しつづける韓国にも、もちろん、朝鮮戦争当時、慰安婦が存在した」という。

次の文章を読んでいただきたい。

「この女性たちがいかなる辛苦を嘗《な》めたか、いかなる屈辱、懲罰、疾病《しっぺい》を耐えなければならなかったか、それらの苦しみの後、高齢になった今も精神的苦痛に襲われ、何人もの女性はそのために自殺をし……」

これは、日本の〝従軍慰安婦〟のことではない。ドイツの〝従軍慰安婦〟の話だ（クリスタ・パウル著『強制売春』。邦訳は明石書店から出ているらしいが、訳文は原書から筆者訳）。

ヒトラー政権下のドイツ国防軍は、ドイツ国内、紛争地、および占領地全域に、大規模な売春所を運営していた。売春施設は、兵士用、将校用、親衛隊員用、外国からの徴用労働者用などに分かれ、驚くべきことに、それは強制収容所、絶滅収容所にまであった。

占領地で兵士たちが女性を強姦したり、地元の売春宿を訪れたりしたなら、統制が取れなくなるばかりか、性病が蔓延《まんえん》し、軍の能力が削《そ》がれる。それを防ぐため、軍は売春施設を必要とした。また、軍の中に蔓延していた兵士の同性愛を抑《おさ》える意味もあったと言われている。

フランツ・ザイトラー著『売春・同性愛・自己毀損　ドイツ衛生指導の諸問題1939-1945』によると、一九四二年、ドイツ国防軍が経営していた売春施設は五〇〇カ所を超えていた。前線の位置や部隊の規模が変化するたびに、いくつかの売春施設は閉鎖され、新しい施設が開かれた。徴用された売春婦は、ポーランド人、ロシア人、ギリシャ人、フランス人、ユーゴスラビア人の、ユダヤ系ではない女性であった。「娼婦が酷使されようがされまいが、われわれには関係のないことだ。どんどん酷使し、できるだけ早く除去できれば、なおよい」というのが、ナチの方針だった。

兵隊の買春が合法化されたことにより、一九四〇年十月からは、ドイツ兵による強姦事件は親告罪となった。つまり、被害者が告訴しない限り、取り締まる必要のない行為となり、強姦はあってもないと同様になった。第二次世界大戦中のドイツ兵における強姦の数は、一〇万人につき二、三件とされ、ドイツ軍はその規律の良さを誇ったが、裏にはこういう事情が絡んでいたのである（前掲の『強制売春』）。

彼らの非難する日本軍による慰安婦の拉致は、証拠を探すのが難しいだろうが、ドイツの慰安婦については、たとえばニュルンベルクの帝国党大会会場跡にある文書センターに行けば、ちゃんとオリジナルの書類が残されている。

私は、これらを今さら非難するつもりはない。ただ、わからないのは、これほど組織的な売春施設を運営していたドイツ人が、なぜ、それを一切合切棚に上げて日本を非難するのか、その心理である。潜在していた日本人に対する嫌悪感が噴出したのだとしたら、何だか悲しい。

アメリカとは違って、ドイツでは、この決議案は結局否決されたが、彼らの目的が、日本人は卑劣な国民だというイメージを広めることだったなら、それは充分達成されたといえよう。

また、日本軍の従軍慰安婦問題の糾弾に熱心なアメリカも、あまり深入りすると墓穴を掘るのではないか。フッカーズ・ガールズもそうだが、アメリカの主張するような、二〇万の女性を拉致して強制売春させたなどという日本軍の従軍慰安婦の証拠は絶対出ないだろうが、たとえば、アメリカ軍の命令で戦後の日本で運営したレクリエーション・センターは証拠が出せる。それに、アメリカ軍による日本女性のレイプの被害状況も、ちゃんと数字が残っている。それも〝氷山の一角〟としての数字だ。

日本が何を言っても受け入れられない

そうこうしているうちに、橋下《はしもと》徹《とおる》大阪市長のデリカシーに欠けた発言が飛び出した。

二〇一三年五月十四日付の、《シュピーゲル（オンライン版）》のページから、『第二次世界大戦：日本の政治家が強制売春を擁護』を引用する。

第二次世界大戦：日本の政治家が強制売春を擁護（見出し）

アジアでは二〇万人の慰安婦が三〇年代、四〇年代に、日本兵のために売春を強制された。それを、日本の政治家が「秩序を保つために」必要なシステムだったと擁護（リード）

ある有名な政治家が、第二次世界大戦中にアジアで行なわれた強制売春を擁護した。それは、軍の秩序を守るため、そして、命を掛けた任務に就いている兵隊たちに休養を与えるために必要であったという。「そんなことは、誰にもわかることではないか」とメトロポール大阪の市長である橋下徹氏。

日本軍が当時、女性に売春を強要したという明白な証拠はないと、保守派の政治家は言う。日本では、これらの女性を慰安婦と呼ぶ。

歴史家によれば、韓国と中国から、二〇万の女性が三〇年代、四〇年代に軍の売春所で日本兵のために働かされたという。フィリピンとインドネシアの女性も犠牲になっている。当時、日本の侵略を受けた国々は、すでに長い間、東京（訳：日本政府）が罪をちゃんと認めないことを非難している。

匿名の韓国の政府関係者は通信社《聯合ニュース》に、「日本の公式のコメントが、〝人道に対する犯罪を支持するもの〟で、〝史実に対する知識の欠如と女性の権利の無視〟であるなら、極めて遺憾である」と述べた。

橋下市長は、国家主義的な党の党首である。日本では、保守的政府の内部でも最近は、当時の犯罪に対して謝罪を続けるかどうかが議論されている。四月の末には、一六八人の議員が、日本の戦争犯罪者の祀《まつ》ってある、賛否両論のある靖国神社への参拝をした。それに対して、韓国と中国は怒っている。

ひどい展開だ。ドイツに住む日本人としては、いたたまれない。ドイツの新聞は、日本糾弾の手を緩めない。《ディ・ツァイト》紙は、日本軍の従軍慰安婦制度を「奴隷制」と決めつけ、挿絵には、台湾の年配の女性が泣いている写真を付けた。

　家で古い本を繰《く》っていたら、二〇〇七年四月二十七日付の《産経新聞》の「正論」欄の、西尾幹二《にしおかんじ》氏の『慰安婦問題謝罪はやがて国難を招く』という論文が目に入って苦笑してしまった。ここでいう「謝罪」とは、もちろん一九九三年の河野洋平内閣官房長官の謝罪を指す。西尾氏はまさか、六年後のこのような展開を予想されたわけではなかっただろうが、しかし、慰安婦問題が国難になろうとしているのは、今や現実だ。すでに雰囲気として、何を言っても受け入れられない状況が出来上がっている。そして、われわれに誠意があろうとなかろうと、結論としては、日本人は反省のない傲慢な国民で、アジア諸国に対しては、いまだに侵略者根性が抜けていないということになるようである。

3　ドイツメディアの光と影

危険地帯にも果敢に飛びこむドイツのジャーナリスト

前項ではドイツメディアの偏向報道について書きながら、かなり腹を立ててしまったが、ここらへんで、ドイツのメディアの優れていると思われるところも書かなくてはいけない。

というのも、ドイツのジャーナリストの根性は、なかなか見上げたものであるからだ。まず、紛争地帯の戦火をものともしない。ニュース番組では、すぐ後ろで銃声が聞こえたり、次々と火の手が上がっているような騒然とした中で、記者がマイクを握りしめ、大声で中継していることも珍しくない。しかも彼らの多くは、傭兵のように一攫千金《いっかくせんきん》を狙った命知らずの冒険野郎ではなく、ジャーナリズムや政治の勉強をし、それなりの経験を積んだれっきとした特派員だ。報道している姿に知性と勇気の両方が垣間《かいま》見え、頭が下がる思いをすることも多い。

二〇一一年のエジプト革命では、カイロのタハリール広場を中心に、何カ月ものあいだデモ隊と警察の衝突が続き、多くの死者が出た。ドイツのニュース番組では、毎日のようにその様子を現場から中継しており、緊迫感がドイツの茶の間に一直線に流れ込んでいた。

二月十日、ムバラク元大統領がテレビで重要な演説をするという日、広場には何万もの人間がひしめき、その歴史的瞬間を待っていた。ドイツのテレビは特別番組を入れ、その様子を今か今かと実況中継していたし、オンラインのページでも、分刻みのフォローが続いた。しかし結局、その日の演説でムバラクは辞任しないと発表し、民衆の緊張は怒りに変わった。

ところが次の日にはまた形勢が変わり、ムバラクはすでにヘリコプターでカイロを脱出したというニュースが流れた。三〇年も続いたムバラク政権の終焉《しゅうえん》。タハリール広場は喜びの渦《うず》に包まれ、その様子を、やはりドイツのテレビは刻々と中継した。ドイツ国民の、エジプトに対する政治的興味も高かったのである。

そのあとすぐリビアの内戦が火蓋《ひぶた》を切り、ドイツのメディアは熱心にそれを追った。カダフィ大佐の政府軍は抵抗勢力を徹底的に攻撃し、三月にはそれに対抗する革命軍を助けるという名目で、アメリカ、フランス、イギリスが空爆を開始した。それから八月に首都トリポリが陥落するまで、リビアはまさに戦場となった。そして、その果てしない空爆の間、瓦礫《がれき》の中に立ったドイツ人特派員が毎日映像を送ってきた。記者とカメラマンの緊張がひしひしと伝わってくるあっぱれな映像だった。

それに引き換え、日本の放送局が自前の社員を紛争地域に送ることは少ない。危険だから行きたがる人がいないのか、会社が派遣しないのか。火が怖い人は消防士にならなければいいのと同じく、危険がいやならジャーナリストになるべきではなかった。そして、危険地域に特派員を派遣したくないなら、ニュース番組など作るべきではない。今、世界の多くの場所は危険なのだ。危険そうなものは、外信から買えばいいというのは、何だかみっともない。安全なところに留まり、しかも、偏向記事を書くなら、ドイツのジャーナリストよりずっと悪質ではないか。

最悪の危険地帯はどこか

二〇一二年の暮れに、同年に死亡したジャーナリストの数が発表された。八八人（『国境なき記者団』による統計)で、一九九五年に統計を取りはじめて以来、一番多いという。ただこの数字は、戦闘に巻き込まれたケースと、報道の自由がない国で取材や報道をしたために消されたケースで、政治思想が原因となった殺害、あるいは、人道活動中の殺害などは含まれていない。加えて、ブロガーとノンプロのジャーナリストの死亡も四七人と、前年に比べて八倍以上に増えた。

昨年一番危険だったのはソマリアとシリアで、どちらも内戦が続いている。ソマリアは一九九一年に分解したまま、以来、国として機能していない。法律も警察も戸籍も何もない無法地帯で、何百もの部族が縦横無尽に殺し合い、力のある者が生き延びるという条理(あるいは不条理?)がすでに定着している。米軍部隊やその他の援助機関は入っているが、治安の回復からはほど遠い。

そのソマリアの様子が、ドイツでしばしば報道される。こういう地域での取材活動が命がけであろうことは想像に難《かた》くないが、それでもドイツ人のジャーナリストは律儀に出かけていく。

ニュースの主な内容は、飢餓、特に子供の餓死と病死、それに対する国連やNGOの救援活動、そして、もう一つの重要事項であるソマリア沖を通る商船と海賊の衝突。安全な航路を確保するため、EUとNATOは共同でソマリア海峡に軍隊を派遣し、海賊と戦っている。

日本への原油もこの海峡を通って運ばれる。年間二〇〇〇隻もの日本の商船が通過するため、自衛隊も護衛艦を出してはいるが、海賊を見つけても、放水やらマイクでの警告ぐらいしかできない。日本商船が攻撃されたときは、他国の軍艦に守ってもらっているらしい。運輸会社は丸腰の商船に、〝海賊チャージ〟と名付けた危険手当を払っているという。

そもそも日本人は、ソマリアの状況にもっと関心を持ってもいいはずだ。人道的な救援活動や、航路の安全確保のための作戦の経費を、日本は国連などを通じて大いに負担しているし、実際にソマリア海峡も通行している。なのに、日本のメディアは興味を示さない。だから、ソマリアで起きていることを日本人は知らない。

一方、シリアはソマリアよりもっと危険だ。二〇一二年中の殉職ジャーナリストの数も、一番多かった。シリアは現在、特別の許可が出る場合を除いては、外国人ジャーナリストが入れない状態が続いている。ドイツのテレビニュースで使われる映像も、たいてい誰かが携帯電話で撮影して送ってきたと思われる粗雑なもので、「〇月〇日のダマスカスの戦闘の様子ということだが、事実関係は未確認」というような注釈が入る。

だから、前述の死者というのは、無理やり潜入したフリーランサーか、シリア人のジャーナリストだと思われる。日本人のフリーの女性ジャーナリストも、二〇一二年の八月、シリアで銃撃戦に巻き込まれ命を落とした。またここでは、政府側も反政府側も、少しでも批判的な報道を黙認することはないので、ジャーナリストにスパイの疑いがかかることも多く、その命は戦火のみならず、常に粛清の危険にも晒《さら》されている。

シリア、ソマリアに続く危険国が、パキスタンとメキシコとブラジル。パキスタンはすでにタリバンの独裁のようになっており、反イスラムと思われる人物はどんどん殺される。メキシコとブラジルでは、麻薬マフィアが警察よりも何よりも強く、その犯罪を取材しようと思っただけでジャーナリストは命を落とす。しかも死体は、見せしめのためだろう、残酷に拷問された跡があるという。昨年はこの五カ国が、ジャーナリストにとっての悪夢のワースト五だった。

世界には、表現の自由が保障されていない国がたくさんある。そういう国で体制批判を書けば、殺されないまでも抑圧されることは確かだ。前述の『国境なき記者団』の調べによると、二〇一二年、脅迫や襲撃を受けたジャーナリストは一九九三人、拘束されているジャーナリストが八七九人、誘拐が三八人。拘束されているブロガーは一四四人。

ジャーナリスト迫害のトップを競っているのがトルコと中国で、人権活動家や、環境保護活動家、反体制の学者、作家、芸術家なども含めれば、脅迫されたり、拘束されたりしている人の数は膨大なものになるだろう。気に入らない人間は脅迫し、あるいは、捕まえて牢屋に入れてしまうというのは、あまりにも安易なやり方だが、効果はてきめんだ。

あまり知られていないが、報道の自由がまったくない世界一のジャーナリスト弾圧国は、エリトリアだそうだ。二〇〇一年より大勢のジャーナリストが地下牢に入れられていて、拷問やら自殺やらで何人残っているかもわからない。北朝鮮は『国境なき記者団』のリストには載っていないが、おそらく言論圧迫が徹底していて、ジャーナリストという職業がないのだろう。

中国で二〇一三年のお正月早々に起きた、《南方週末》紙の社説取り換え事件は、記憶に新しい。ただ『国境なき記者団』の報告によれば、中国の言論統制と抑圧は徹底しており、ここ数年ずっと、良くもならなければ、大して悪くもなっていないそうだ。

中国問題専門ジャーナリストの福島香織《ふくしまかおり》氏も同じような見方をしており、「この《南方週末》事件によって言論・報道の自由を求める動きが広がり、たとえば中国式ジャスミン革命や天安門事件前夜の民主化運動につながる気配はない」という。

「これが天安門事件前夜レベルの運動に発展するには、もういくつか別の要素が必要」で、それはたとえば、「もっと広範囲の市民の利害に直結する環境問題や政治腐敗やインフラの問題で、これに飛び火しないことには一般市民はなかなか動かない。報道の自由、検閲の問題は、現場の記者たちにとっては切実なテーマだが、一般大衆にとってはそこまで訴求力はない」。

私もその通りだと思う。ということは、近年の強烈な大気汚染が、政治の透明化を求める市民運動に発展し、それが報道の自由に繋《つな》がっていく可能性は、あるかもしれない。

イスラム原理派には二の足を踏むドイツメディア

さて、ドイツのメディアに勇敢な記者が大勢いるのは確かだが、その報道が一方に肩入れしすぎと思われるときもある。たとえば、民衆が独裁政権に刃向かって立ち上がると、ドイツメディアはそれをすぐさま絶対善にしてしまう。〝民衆が悪代官を征伐しようと立ち上がったのだ。革命は民主主義への道であり、その成就にドイツが手を貸そう〟という意図がはっきりと見える。フランス革命っぽい。

しかし実際には、リビアもチュニジアもエジプトも、革命後の成り行きは失望以外の何物でもない。世俗勢力の独裁者が消えたと思う間もなく、権力を握ったのはイスラム原理派の独裁者だ。当時、勇気を振り絞って立ち上がった若者たちが、コーランの支配する古色蒼然たる世界を求めていたとは思えない。イスラム原理派の主導する社会に戻るということは、一四〇〇年の後退だ。しかし、それが今や起ころうとしている。ということは、エジプトの民衆が求めていた革命は、そして、欧米がサポートしていた革命は、ことごとく失敗したのではないか。

ところが、それに関してはドイツのメディアはフォローが少ない。いや、フォローはしているが、事実を淡々と述べるだけで、かつて世俗の独裁者を槍玉に挙げたような勢いはない。イスラム原理派勢力の擡頭に対しては、世俗の独裁者に対してよりも、ずいぶんと遠慮気味である。

つまり、革命が失敗だったとは、ドイツのメディアは決して言わない。その代わりに、〝革命に失望した民衆〟というような言い方はよく見る。中でも、あるエジプト青年の悲痛な言葉、「彼ら（ムスリム同胞団）は、われわれの革命を盗んだ」という引用を、ドイツ人は気に入っているようだ。

しかし、なぜドイツメディアはイスラム原理派を非難することに二の足を踏むのだろうか。彼らがムスリム同胞団のことを、エジプト国民自らの民主的な選択だと思っているとは、考えられない。ムスリム同胞団の思想は、男女平等ばかりか、西側諸国の人間が二〇〇年掛かって勝ち取った基本的人権も無視している。自由と平等を範とする西側の是《ぜ》に適《かな》っていない。ドイツメディアがもっと攻撃してもよさそうなものなのに、しかし、それがない。

実は、イスラム教への遠慮は、今に始まったことではない。もちろんそれは、ドイツに居住するイスラム教徒への遠慮でもある。ドイツ内のイスラム勢力は、すでに侮れない数に達している。トルコ系だけでも三〇〇万人はいる。信心深いかどうかは別としても、そのほとんどがイスラム教徒であることは間違いない。

もっとも、大部分のイスラム教徒は、温和な、平和的な市民で、しかもその多くは、すでにドイツ国籍を取得している。ただ、問題は一部の過激なイスラム勢力で、彼らはドイツにいながらもドイツ人との共存は望まず、それどころか、反ドイツ的、反西洋的な思想と生活様式を貫き、その思想を広めようとしている。

二〇一二年四月、サラフィストがイスラムの聖典、コーランを三〇〇万部、ドイツのあちこちの都市の歩行者天国で無料配布し、大いに問題になった。サラフィストとは、イスラム原理派の中でも一番過激なサラフィー主義者のことで、ムスリム同胞団と同根。イスラム教の預言者、ムハンマドの時代、つまり、七世紀の初期イスラムに回帰することを目標としている。

別に、サラフィストが何を信じて、どこに回帰しようが、それは自由だが、問題は、彼らが自分たちの原理で全世界を制覇しようと目論《もくろ》んでいることだ。サラフィストは、コーランを唯一の法典とみなしている。その他のいかなる価値観も、憲法も、宗教も認めない。つまり、早い話が、自分たちだけが正しく、他はすべて悪。そして、これが一番の問題なのだが、自分たちの主張を通すためには、暴力も辞さない。連邦憲法擁護庁の長官によると、「サラフィストの全員がテロリストではないが、テロリストの全員がサラフィストであることは確か」なのだそうだ。二〇〇六年にはアルカイダと統合した。

二〇一二年の四月にドイツで問題になったのは、コーラン自体ではなく、テロを推進しているサラフィー主義者の組織が、コーランを使い、白昼堂々と信者の勧誘を行なったことであった。そこには、ドイツの法律など無視しようというメッセージが明確で、信教の自由の範囲を逸脱している。

ドイツにあるモスク（回教寺院）で、金曜日のお祈りを兼ねて、イスラム思想の拡大を狙っているグループもある。今、ドイツで一番有名なイスラムの説教師は、ドイツ人だ。敬虔《けいけん》、かつ過激なイスラム教徒で、彼の任務は、ドイツ人の間にイスラム教を布教し、改宗者を増やすことだ。説教（プロパガンダ？）は、ドイツ語の達者なドイツ人がするのが、もちろん一番手っ取り早い。つまりドイツでは、外国人との融合が平和裏《り》に進んでいる一方、他方では、イスラム原理派の国境を超えた組織活動が着々と進んでいると思ってよいだろう。

サラフィストのプロパガンダは、特にインターネット上で凄《すさ》まじい。その結果、戦闘的な宗教メッセージに傾倒する若者が急増。二〇一三年一月二十四日には、前年の一年で、ドイツでそれまで三八〇〇人と言われていたサラフィストが、四六〇〇人に急増したというニュースが流れた。

彼らは、自分たちが権力を握ったなら、裏切りや姦通には石打ちの刑、結婚していない男女の交際には鞭《むち》打ちの刑、窃盗には手を切り落とすといった刑を復活させると、本気で言っている。アフリカ大陸でサラフィストたちがすでに実権を握った場所では、本当にそういう刑が公開で執行されている。ときどきユーチューブに動画が上がっているが、気の弱い人は見ないほうがよいだろう。

過激派イスラムの脅威に晒されていないのは、今まで世界中で日本だけだった（アルジェリアの油田施設の人質事件では、日本人が犠牲になってしまったが、日本国土での出来事ではない）。ところが、ヨーロッパもアフリカも東南アジアも、そして、多民族を抱える中国もロシアも、イスラムの過激派勢力には常に悩まされてきたし、それどころか、ここ数年、その脅威は膨《ふく》れ上がるばかりだ。イスラム過激派は、私たちが思いもしないほどの速さで伸長している。武力闘争と並行して、別働隊を使った積極的な宣伝活動が功を奏していることは確かだ。

ただ、それらの成り行きに不安を感じながら、しかしドイツ人は、国内にいるイスラム過激派に対してほとんど何の手も打たない。メディアもあまり取り上げない。ときどきサラフィストの暴力沙汰がエスカレートして、住民が政治家とともに抗議集会などを開くことがあるが、報復を恐れる気持ちが先に立つのだろう、その勢いも弱い。

ドイツ人はホロコーストの強いトラウマがあるため、外国人相手に下手《へた》なことをすると、また、とんでもないことになるかもしれないという用心が先に立つというのもある。もちろん、戦争などは金輪際、絶対にしたくない。アメリカのブッシュ元大統領が、同時多発テロの後、イラク、イラン、北朝鮮を〝悪の枢軸〟と批判したときも、ドイツはその尻馬には乗らなかった。NATOの同盟国として、アメリカやイギリスの戦闘機がドイツの領空を飛ぶ権利を与え、輸送に協力し、ドイツ内にあるアメリカ軍基地の安全確保に、七〇〇〇人の兵隊を提供しただけだ。

アフガニスタンには仕方なく兵を出したが、最初は頑《かたく》なに、治安維持と地元の警察の養成など、戦闘以外のことに従事していた。とはいえ、タリバンに挑発され、攻撃を受けたため、次第に戦闘に巻き込まれ、武器を手にせざるを得なくなったが、それでも、ドイツ国が戦闘状態にあるという事実を認めるまでに長い時間がかかった。今ではアフガニスタンは泥沼で、誰もが撤退したがっているが、それさえうまくいかない。そして、潰《つぶ》すはずだったイスラム過激派の勢力は、以前よりも強くなっている。

現在、ノルトライン・ヴェストファーレン州のメンヘングラットバッハという町はサラフィストの牙城となっており、金曜日になると、砂漠の民のような出で立ちの男たちが街の中心の広場に小さな絨毯《じゅうたん》を手にして集まり、地べたに額《ひたい》を付けて一斉にお祈りを始める。彼らについて否定的な報道をしたジャーナリスト、あるいは、メディアの前でサラフィストについての不満を述べた住人が、あからさまな恐喝を受けているという。

口をつぐむ理由はそれだけではない。ドイツのイスラム教徒を怒らせると、世界中のイスラム原理主義者をたちまち敵に回すことになり、テロ攻勢が起こる可能性が高くなる。アメリカがイスラムのテロリストと戦争を始めたとき、ヨーロッパで何が起こったか？　アメリカに協力した国がすべてテロの恐怖に怯《おび》えたのだ。

当時、フランクフルト空港はもちろんのこと、シュトゥットガルトの中央駅や繁華街もたいへんな警備だった。それにかかる税金もさることながら、これだけ膨大な数の警官を警備に費《つい》やしては、他の分野に支障が出るのではないかと思ったほどだ。しかし、イスラムの世界というのは、預言者ムハンマドの風刺画一枚が外交問題になったり、暗殺や自爆テロに発展したりするのだ。だからメディアが、なるべく火に油を注がないようにという用心から遠慮報道をしているなら一理ある。いずれにしても、一番迷惑しているのは平和に暮らしているドイツのイスラム教徒たちだろう。

功を奏しつつある中国のプロパガンダ

飛躍するようだが、これらの状況は、日本と中国の関係とよく似ているように思う。中国の過激さに辟易《へきえき》しながらも、日本はいつも遠慮している。中国人は、イスラム過激派と違ってテロは起こさないが、反日運動として行なったことは、ほとんど紙一重だ。また、世界中で次第に権益を伸ばし、どんどん力を増していくところも、考え方があまりにも違い、手を結びにくいところも、よく似ている。そして、そのおかげで一番迷惑しているのは、おそらく日本で平和に暮らしている良識ある中国人であるところもそっくりだ。

ただ、一つだけ違うのは、イスラム原理派はメディアに与える影響が少ないこと。それに比べて中国は、巧みな広報活動で全世界のメディアを籠絡《ろうらく》し、しっかりと自分たちの味方に付け、自国の利益と日本の不利益を世界に広めていってくれる。

勇敢で、尊敬に値するドイツメディアが、事《こと》、アジア問題にいたると、俄然《がぜん》、中国寄りの報道になるのが、私は残念でたまらない。ドイツのメディアを、もう少し中道に引き戻すために、私たちはもっと努力をしなくてはいけないのだろう。

3章　安倍政権の政策を、ドイツはどう報じたか

1　安倍政権誕生にみるドイツの反応

安倍晋三は右翼のナショナリストか

ナショナリズム（nationalism・英）という言葉がある。ドイツ語では〝Nationalismus〟だ。これを日本語にすると、「国家主義」、「国粋主義」、「民族主義」、「国民主義」などのどれにも訳せて、大変紛《まぎ》らわしい。「国粋主義」と訳せば、自国が一番優秀だという排他的、攻撃的な意味が伴《ともな》い、決して良いイメージにはならないし、「民族主義」と訳せば、ガンジーなどを連想するので、イメージがかなり明るくなる。「国家主義」なら、意味がよくわからないだけに、中立だろうか。

いずれにしても、一つの言葉を訳すとき、これだけ幅があれば訳は難しい。言い換《か》えれば、訳者の胸三寸で、訳文のイメージにかなりの操作が可能となる。

さて、なぜこんなことを長々と書いているかと言うと、この「ナショナリズム」という言葉が、二〇一二年十二月の安倍政権の誕生を紹介する記事にふんだんに使われたからだ。そもそもこの言葉は、少なくともドイツでは、あまりいい意味では使われない。だから安倍政権に関しても、「どうぞ国粋主義と解釈してください」と誘導しているように思えてならない。

一方、「愛国主義」(patriotism・英、Patriotismus・独）という言葉もあるが、これが使われるときは、「国粋主義ではなく、純粋に愛国心を扱っていますよ」という意図が明確で、どちらかというと、健全な言葉だ。私もよく、自分のことを言うときにこの言葉を使う。「私は日本の愛国者（patriot）です」と。しかし、ドイツメディアに紹介される安倍首相は、patriot ではなく、常に nationalist となっている。

さて、いったいどう訳すべきだろう。

次に挙げる記事では、私はこの言葉をそのままにしておくことにする。各位ご随意に、「国粋主義者」なり、「国家主義者」なり、「民族主義者」なりに置き換えて、読んでいただきたい。

日本は過去のテーマを再び選択《ZDF（オンライン版）》（二〇一二年十二月十六日）

安倍は自民党党首で、次期の首相だ。彼は中国との領土問題、そして、北朝鮮の行動、まあ、これは日本が脅されているとも解釈できるため、それらをうまく自らのアジェンダに利用した。

日本は景気の停滞に悩んでいる。日本の負債はギリシャよりも多い。社会的問題もどんどん膨れている。ゆえに国民は、安倍のナショナリズム的プログラムに喜んで逃避する。

西側では、ヨーロッパの危機や、アメリカの財政破綻に気を取られ、極東で起こりはじめていることにわずかの人しか気づいていない。中国の国力はどんどん伸びている。北朝鮮は各方面からの警告や国連の決議にもかかわらず、人工衛星を打ち上げた。韓国は怒り狂い、日本は、中国が東シナ海の問題の諸島に偵察機を展開したことに対し、戦闘機を発進している。

そして、首相候補・安倍は何をしているか。彼は靖国神社に参拝する。日本の戦犯が神道の神としてあがめられている英雄の記念堂だ。それによって、彼は中国と韓国の国民の怒りを、故意に一身に集める。韓国ではかつての宗主国、日本に対する憎しみは大きく、その憎しみを超党派で共有している。

たった三年前、日本のすべてが政治の刷新に向かおうとしていた。経済的な不安、終わりのないスキャンダル、癒着、そして政治的惰性に対する欲求不満のため、国民は初めて五〇年以上続いた自民党に背を向けたのだ。

今、自民党は再び権力の手綱《たづな》を握った。何十年もの間、ほとんど絶え間なく政権を握っていた間に、日本を借金大国にし、原発大国にし、しかも、フクシマが示したように、その安全性をおろそかにしてきた政党が、よりによって権力に返り咲いたのだ。

ナショナリズムに傾く日本（《ディ・ツァイト（オンライン版）》二〇一二年十二月十五日）

日曜日は選挙だ。次期政権は非常に右傾する。ナショナリズム的なトーンは、選挙受けする。とくに中国問題において。

日本のナショナリストたちにとって、平壌《ピョンヤン》と北京からのクリスマスプレゼントほど素晴らしいものはなかった。総選挙が数日に迫り、すでにナショナリズム的なテーマが色濃くなっていたとき、北朝鮮はミサイルを打ち上げて国際社会を挑発し、中国は問題になっている尖閣諸島の上に偵察機を繰り出した。これこそ、日本の右翼の政治家の欲していたものだ。

軍事的エスカレーションに対する恐怖は、憲法改正を強引に通過させ、それによってグローバルな軍拡競争に参加しようとしているこのナショナリストを助けてくれる。

何十年もの間、日本の極右は黒いマイクロバスに乗って町を走り回り、マイクで軍歌をガンガンと流しながら、戦前の軍事大国の復活という主張を広めようとしていた。その彼らの要求に、今、議会への道が開かれようとしている。最近のアンケートによれば、議会はもうすぐ、保守とナショナリストたちが多数を占めるようになるらしい。

自民党の安倍晋三は、日本が今後、北朝鮮の挑発にどのように対応すべきかということを明確に言っている。「われわれはこのような攻撃に対抗することが可能なように武装しなければいけない」。

安倍は、すでに二〇〇六年、一年だけだが首相を務めた。党内ではタカ派といわれているが、当時は穏健で現実的な政治家だった。今回は違っている。二番目に強い党が、「維新の党」という右派国民派といわれる政党だからだ。

この党は二〇一〇年、大阪府知事であった橋下徹の作った党で、もう一人の権力者、東京都知事の石原慎太郎《いしはらしんたろう》により運営されている。

橋下と石原は日本の近代的ナショナリズムの二つの顔だ。

両者の共通点は、極端な態度や発言を好むことだ。たとえば橋下は、大阪での党の大会で、「日本の政治が緊急に必要としているのは独裁者である」と言った。そして、この若造に負けないために、石原は数人のビジネスマンの助けを借りて、中国が領有を主張している尖閣諸島を購入しようとした。この行動が何十年もなかったほどの激しい外交危機を引き起こしたのである。

石原はすでに、もしも自民党が憲法改正を試みるなら、それを支持することを表明している。消息筋は、自民党と維新の党が、ナショナリズム的保守として過半数を得ることを懸念している。この日本の政治の極度の右傾化によって、外交は予測できないものになる。日本は、中国、韓国、ロシアといくつかの領土問題を抱えている。ナショナリストたちが政権を取れば、これら隣国との関係は困難なものになるだろう。日本経済が東アジア圏内での良い外交関係を今ほど必要としていることはないというのに。

タカ派が政権を取る日本（《ディ・ツァイト（オンライン版）》二〇一二年十二月十七日）

将来、東京を支配するのは外交のハードライナー、安倍である。北京もナショナリズム的になった。東アジアではタカ派が擡頭しているとB・フォークトは言う。まもなく日本の首相が靖国を参拝し、中国と韓国を憤慨させることは大いにありうる。五十八歳の右派保守の安倍は、二〇〇七年、短い首相就任の時期に靖国を参拝しなかったことを後悔していると述べている。

この神社は、参拝客が戦死した軍人に敬意を表わす場所だ。軍人の中には、第二次世界大戦における一四人の戦争犯罪者も含まれている。これによって安倍は挑発の二度目のチャンスを得ることになる。

この地域での緊張は、日本のタカ派の下で、さらに高まるかもしれない。靖国参拝など、まだましな挑発だ。とくに、東シナ海の島をめぐる中国との闘争は先鋭化している。水曜に大統領選の行なわれる韓国とも、日本は島を巡って争っている。安倍晋三は、日本の自衛隊と海上保安庁の沿岸警備を強化することを宣言した。また、平和憲法の改変にも臨む意向だ。彼は、日本を極東のリーダーとして位置づけようとしている。つまり、それにより、中国の要求とおのずと衝突することになる。

このぐらいにしておこう。

なお、ここには引用しなかったが、安倍首相の前回の辞任の理由について、《ZDF》は「ストレスに起因した消化不良が原因（wegen stressbedingter Verdauungsstörungen）」と言っている。この「Verdauungsstörungen」というレトリックは、日常語では便秘の隠語だ。薬局へ行って、「Verdauungsstörungen です」と言えば、必ず便秘の薬をもらえるだろう。しかし、安倍首相の病気は、私の聞いている限りでは、便秘でも消化不良でもなく、他の難病だった。《ZDF》はろくに確認もしていない。

ダイオウイカを撮影したのは中国か

《ZDF》はヨーロッパで一番大きなテレビ局でありながら、日本には特派員を置かず、日本のニュースも北京から発信している。福島の原発事故のときに大げさにパニック報道をしたのもこの局だ。あれだけ放射能、放射能と大騒ぎをしたくせに、今では大気汚染の北京で自らの健康を犠牲にして取材に励んでいるのは、見上げたことである。

ただ、最近、腹が立ったのは、一月二十八日のゴールデンタイムのニュース「ZDFホイテ」。伝説の怪物、古来より船を沈めると恐れられてきた最大一八メートルに及ぶ世界最大の「ダイオウイカ」の撮影に成功したというニュースだ。

神秘的な映像。あまりにも鮮明で、見ていてエキサイティングな気分になってしまう。調査チームの隊長である窪寺恒己《くぼでらつねみ》博士がそのプロジェクトについて説明している。すべての映像にはNHKのクレジット。

ところが、ニュースのあいだ、一言も「日本」という言葉が出ない。窪寺博士と言われても、これが日本の名前だとわかる人以外には、アジア人ということしかわからない（たいていのドイツ人は、日本人の名前も中国人の名前も韓国人の名前も区別がつかない）。

国際チームの構成がどうなっているのかわからないが、私の知る限りでは、日本が主力であり、たしか深海用超高感度カメラはＮＨＫが開発したものだったはずだ。潜航回数一〇〇回、潜航時間四〇〇時間に及ぶ空前の海洋科学アドベンチャー。場所は小笠原《おがさわら》諸島である。おそらく資金の多くも日本が出しているに違いない。

しかし、そういうことを《ＺＤＦ》は何一つ言わない。「Japan」という言葉が一度も出てこないのは偶然だとは思えない。

その代わりに出たのが、「北京スタジオ」という大きなクレジットと、北京の場所に印のある世界地図。これではまさに、すべては中国のプロジェクトだと勘違いしてくださいと言っているようなものだ。このレポートも、前述の報道で安倍首相を右翼で、かつ便秘に仕立てたニコラ・アルブレヒトという女性特派員の手になるもの。まったくもって不可解だ。日本に恨みでもあるのだろうか。

憲法改正イコール好戦憲法という理屈

安倍首相就任の話に戻るが、これらの報道の言いたいことは四つ。

①　日本の新政権は右翼である。

② 新首相はナショナリストで、平和憲法を変え、靖国に参拝し、中国、韓国を挑発して軍拡競争に参入し、アジアの平和を乱す可能性がある。
③ 自民党は無責任で、腐敗していて、碌《ろく》でもない政党である。
④ それにもかかわらず国民は、政府が示す「外敵」に目をくらまされ、ナショナリズム的プログラムに向かって嬉々として突き進んでいる。

この④などは、第一次大戦後の、景気が悪かったワイマール時代に、意気消沈していたドイツ国民が、ヒトラーとナチス擡頭に興奮する様子の描写と瓜《うり》二つだ。日本でも、このあと国会議事堂が炎上するのだろうか。ヒトラーのときは、放火は〝共産党員〟の仕業だったが、日本の場合は誰が犯人になるのだろう。

しかし、安倍政権は、本当にナショナリズム的な内閣なのだろうか。《シュピーゲル(オンライン版)》(二〇一二年十二月二十六日)によれば、「新首相は、日本を軍事的にも外交的にも強化するつもり」で、「日本の隣国、中国と韓国は、そうでなくても緊張した日本との関係がさらに悪化することを覚悟しなければいけない」のだそうだ。しかも、「自民党の幹部は一九四六年の平和憲法の改変を主張しており、中国との島の問題で強硬策を取ろうとしている」。そして、安倍首相は、「前任者のように、第二次世界大戦での犯罪を謝るつもりはなく、軍隊を作ろうとしている」。そして、その軍隊を「中国と問題を起こしている島に駐留させるつもりだ」そうだ。この記事を読んだ限りでは、日本は本当にとんでもない国だ。それどころか、不気味でさえある。

しかし、すべてが説明不足ではないだろうか。いったい、「平和憲法」とは何物で、それを改変するとどうなるのか。「平和でない憲法」になるのか。戦争のできる憲法にするということか。そこらへんの説明が一切ない。伝わってくるのは、〝民主主義やら平和主義に反する、悪いことが行なわれようとしているのではないか〟という漠然とした懸念だ。

おそらく記事を書いている記者たちは、日本国憲法など読んだこともないし、憲法改正派が、何を問題と見なしているかも定かには知らないに違いない。知っていれば、少し解説が入ってもよさそうなものだ。

あるいは、わざとぼやかして、ただ「平和憲法」とだけ書き、あたかも日本が戦争をするためにそれを変えたがっていると示唆したいのだろうか。それなら、この目論見《もくろみ》は十分に効果を上げている。この記事の書かれた時点では、安倍首相は憲法を改正するなどとは公式にはまだ一度も言っていないが、それでも読者は、「そうか、平和憲法が好戦的な憲法になるのか」、「安倍は戦争を始めようとしているのか」と単純に結びつけるに違いない。

もちろん、安倍首相が言おうが言うまいが、憲法改正が必要だという意見はたしかにある。しかし、それは今始まったことではなく、三島由紀夫《みしまゆきお》が生きていた時代からすでにあった。つまり、五〇年も前から今日まで、連綿と言われ続けているのだ。

憲法改正の中核は、もちろん軍隊の整備だ。しかし、軍隊を持ったから戦争をするということでもない。日本の憲法改正を槍玉に挙げようとしているドイツは、やはり連合軍からいやいや押し付けられた自国の憲法を、すでに今まで六〇回近く変更している。一九五五年には軍隊も作った。しかし、ドイツの憲法（正式には基本法という）が「平和でない憲法」とは言えない。その証拠に、ドイツはこの四七年間、戦争は一度もしていない。

NATOやEUと協力して、アフガニスタンに派兵しても、ドイツ軍だけは治安の維持や現地の警察の養成などに従事し、戦闘からは頑《かたく》なに手を引いていた。それにもかかわらず、タリバンに狙い撃ちされ、犠牲者が出て、否応《いやおう》なく応戦するうち戦闘に引き込まれてはいったが、それは仕方がない。「われわれは平和を愛していますので、皆さんがわれわれを守ってください」というわけにはいかない。大人の国なら、自分の身は自分で守らねばならない。

それでも、ドイツがアフガニスタンで戦闘状態にあるということを認めるまで、長い時間を要した。現在のマリにも、物資の輸送などで協力はしているが、戦闘には加わることは拒否している。おそらくフランスから相当の圧力がかかるだろうが、他の方法での救援を続けて、武器を持って戦うことからは逃げ切るのではないかと思う。つまり、ドイツが好戦的であるなどとは、間違っても言えない。ドイツ国民の大部分は、常に、戦争には絶対反対という意見を貫いている。

ただ、それでもドイツが軍隊を持っているという事実は、ドイツに大きな力をもたらす。なぜなら、軍事力は政治力を裏打ちするからだ。今の世の中、国際舞台において政治力より貴重なものはない。

さらに言えば、ドイツは軍隊だけでなく、優秀な軍事産業も持っている。しかも、アメリカとロシアに次ぐ世界第三番目の武器輸出国であり、これが無言の軍事力となっている。別に、だから偉いと言っているわけではない。あえて言うなら、そういう事実にもかかわらず、常に平和の使者のような顔をしているところが凄《すご》いとは思うが、今はそれには深入りしない。私の言いたいのは、軍事力のない国は、絶対に政治力を持てないということだ。

それは北朝鮮を見ればよくわかる。あの国を世界の強国が気に掛ける理由はただ一つ、核を持っている（と思わせている）からだ。それがなければ、北朝鮮がどんな英雄ストーリーを考え出しても、どんな脅しをかけても、せいぜい最高の「お笑いナンバー」になるだけだろう。そして、おそらく誰もが、あの国は二、三年放っておけば自然消滅するだろうと考えるはずだ。

日本にだけは、なぜ当たり前のことが許せないのか

ドイツは現在、世界で有数の、政治力のある国だ。しかし、これは、政治家がうまく外交をし、経済がうまく機能し、産業界が四方八方とうまく商売をしているからだけではない。ドイツが「口先だけの国」ではないことを、皆が知っているからだ。

自分の国民を守るため、そして、他国に食い物にされないため、必要なだけの政治力を持とうとするならば、必ず軍事力の裏打ちがいる。それを持っているのがドイツだ。

ところが、ドイツでの報道を見ていると、彼らはその当たり前のことを、日本にだけは

させまいとしているように思える。日本が軍事力を持たず、ゆえに政治力を蓄えないことは、他の大国にとって、これ幸いなのである。

政治力を持たない国を抑え込むのは簡単だ。かつて経済力で世界を制圧しそうな勢いだった日本が、プラザ合意で抑え込まれ、その数年後には、バブル潰《つぶ》しで打ちのめされたのは、そのせいだ。そして今では、大国の仲間に入れないばかりでなく、途上国を束《たば》ねることさえできない。それなのに、靖国神社を参拝するかもしれないというだけで、やおら軍国主義者だと非難される始末だ。

ドイツのメディアによれば、靖国神社は軍国主義の権化で、日本人はいまだに戦争を美化しているのである。なぜなら、ここには一四人の戦犯が祀られているからだ。ひょっとするとドイツ人は、レーニンがレーニン廟にいるように、靖国神社には東條英機《とうじょうひでき》が永久保存状態で横たわっていると思っているのかもしれない。いずれにしても、日本人がここへ来るのは、アジアで悪行を極めた戦犯たちを称《たた》えるためで、それこそ、何の反省もない明らかな証拠である。

数年前のことだが、日本の終戦記念日の靖国神社の情景として、ギョッとするような写真が《シュトゥットガルト新聞》に載った。かなり高齢の元軍人たちが、古いボロボロの軍服を身に纏《まと》い、境内をしゃちほこばって行進している写真だ。

元軍人の同窓会みたいなのは、アメリカでもフランスでもある。そういうニュースからは、結構明るい印象が伝わってくる。戦勝国だからだろう。ところが、この靖国の元軍人の行進写真は、決して明るくなかった。どちらかというと異様で、私でさえ、目を逸《そ》らせたくなったぐらいだ。だから、ドイツ人がこれを見れば、靖国神社というのは軍国主義のメッカで、日本には軍国主義を賛美する無気味な勢力がまだまだ強いと思うのも、仕方がないかと溜息が出た。メディアの威力、特に、映像の威力は大きい。

ただ、こういう、日本人の私も初めて見たような軍服姿の年輩の人たちが、日本の老人を代表しないことは、私たちが一番よく知っている。それは、週末に原宿に集まってくる、金髪のカールの鬘《かつら》を頭に乗っけ、ひらひらお姫様ドレスを纏《まと》った女の子たちが、日本の全高校生を代表することがないのと同じだ。靖国は、ノスタルジーとは関係がない。

もちろん、靖国神社が他の神社と異なった意味を持っていることは確かだ。この神社は、日本のために命を捧げた人々の御霊《みたま》を慰めることを目的に建てられたものだ。靖国神社には現在、明治維新、戊辰の役（戦争）、西南の役（戦争）、日清戦争、日露戦争、満洲事変、支那事変、大東亜戦争などで斃《たお》れた二四六万六〇〇〇余柱の方々の神霊が、身分や勲功、男女の別なく祀られている。

私はここ、靖国の社前に立つと、突然、日本が植民地にもならず、どうにか生き延びて、そして、今、私たちがこんなに豊かな生活を送れるのは、過去の多くの日本人の努力や犠牲のおかげなのだと感じる。普段そんなことは考えないが、ここに来ると、見知らぬ過去の人々に感謝したくなる。日本という単位での、過去から今に至るまでの連綿とした繋《つな》がりを、こんなにはっきりと感じる場所は他にない。そして同時に、私たちの祖先が命をかけて守ってきたその日本を、私たちがまったく大切に思わないのは、何と申し訳ないことだろうと思う。他の参拝者がどう感じるかはわからないが、少なくとも、戦争を称《たた》えているとは思えない。

日本人は、亡くなれば、皆、仏様だと考える。その感覚は、ドイツ人にはわからない。ニュルンベルク裁判で死刑になったナチスの戦犯の遺体は、灰にして、それぞれ誰も知らないところに撒《ま》かれた。おそらく連合軍の命令だろうが、後世、人がお参りすることができないようにしたのだ。それ以前に、ヒトラーの暗殺を謀《はか》って処刑された極悪人（！）たちの灰は、ナチスの手によって、下水場など不浄な場所に撒かれた。灰になってもさらに辱《はずかし》められるために。

北京の天安門事件のときの犠牲者の墓には、お参りが許されていないという。最近になって、天安門事件では、犠牲者はほとんどいなかったという説も出てきた。存在したかどうかもわからない死者に、なるほど、お参りはできない。いずれにしても、亡くなれば皆、仏様になるのは、日本だけだ。

だがドイツのメディアは、こうした日本独自の精神文化など、取材もせず、知ろうともしない。ただ自分たちが決めつけた唯一の基準を拠《よ》り所に、迷うことなく持論を展開する。その傲慢さには、恐れ入るばかりだ。

ドイツには受け入れがたい歴史認識

安倍首相の歴史認識に触れた記事もある。日本がドイツと並ぶ戦争犯罪国家であらねばならぬと固く信じているドイツ人からみれば、安倍首相のそれは保守反動そのものであり、とても受け入れる余地はないということのようだ。

次に挙げるのは《シュピーゲル》二〇一三年一月十四日号に掲載されたヴィーラント・ヴァーグナーによる『昨日の内閣（訳注：時代遅れの保守的な内閣という意味）』というタイトルの記事だ。

国家主義的な新首相安倍は、中国に対して武装する――言葉と武器で（見出し）

新しく選ばれた首相は、就任の前に西南日本の山口県にある先祖の墓参りに赴《おもむ》いた。線香をあげて、胸の前で手を合わせる。そのあとで、彼は、自分が死者たちに何を誓ったかを支持者たちに知らせた。それは、〝今度こそ、断固として任務をまっとうする〟ということだ。

二〇〇七年九月、彼は公職を失政と病気のために投げ出しているが、十二月の終わり、厳粛な誓約とともに安倍晋三が言おうとしたのは、そのことではない。この五十八歳の男は、父親と祖父の政治的遺産を復活させたいのだ。それが彼の計画だ。

三年前に敗北した自民党だったが、十二月十六日、安倍は過半数の議席を取り戻した。今、安倍は、老け込み、弱気になっているアジアの経済大国を、かつての偉大な姿に戻し、何よりも人気のない〝戦後レジーム〟からの脱却を図ろうとしている。これは、日本の敗戦後、アメリカの占領軍に押し付けられたものを意味する。つまり、平和憲法であり、他と比較してリベラルな教育システムであり、そして、一九四八年に東京裁判で連合軍が形成した、安倍が完全に違和感を持つ歴史認識である。これによると、日本はドイツと同様に、永遠に制御しなければいけない侵略国なのだ。

首相は、日本を再び〝美しい国〟にしようとしている。彼はこの国の未来の姿を描いた自著をそう命名している。この（美しい）日本は、すでに彼の父親、安倍晋太郎《しんたろう》外相が求めていたような、そして、また、安倍の尊敬する祖父、岸信介《きしのぶすけ》が範《はん》を示したような、そんな価値観を思い出させるべきなのである。

岸は、日本のアルベルト・シュペアー（訳注：ドイツの建築家・政治家で、ヒトラーと最も親しかった人物の一人）だ。三〇年代、満洲の占領地で中国征服を推し進め、そのあとは、戦争に向けての複雑な機構の準備に尽力した。一九四五年の降伏のあとは、逮捕されたが、五七年には、再び首相の地位に就き、中国との和解の芽をつぶした。そして、アメリカの同盟国として反共を掲げ、その利によって、日本に新たな影響を及ぼすことに成功した。

安倍が新しい首相になって以来、日本の過去が突然、現在にとって再び重要なことなってきた。新内閣の一九人のメンバーのうちの一四人を、靖国神社への参拝を推進するグループが占めている。この英雄の記念館では、日本の主要な戦争犯罪人たちも、神道の神々として祀られている。

「多くの日本人は、祖国を加害者としてではなく、戦争の犠牲者と見ている」と、社会学者島村賢一《しまむらけんいち》氏は言う。この国民は、自分たちの犯した戦争犯罪を思い出すことよりも、自分たちの苦しみ、特に、広島原爆投下後のそれを思い出すことのほうが好きなのだと。

おずおずとした後悔の兆候さえ、この新しい支配者（訳注：安倍）は駆逐してしまいたいと思っている。それは、一九九三年に東京（訳注：日本政府）が、少なくとも二〇万人のアジア人を強制的な売春婦として連行したことに対して公式に謝罪したことを意味する。安倍はこの、いわゆる慰安婦が、本当に軍隊によってセックスを強制されたものかどうかということに、公式に疑問を呈している。

この修正主義者のルネッサンス（訳注：復活運動）を不信の目で見ているのは、中国と韓国といった隣国だけではない。保護者アメリカも、安倍の昨日（訳注：時代遅れ）の内閣が、東アジア地域の緊張を増長させかねないことを懸念している。

2　アベノミクスについて

インフレに対するドイツの深刻なトラウマ

安倍首相がデフレの脱却、経済再建に向けて打ち出した新政策、アベノミクスは、日本国内でも評価が分かれているが、ドイツの見方はどうだろう。たしかに、新政策以降、日本の株価は上昇し、円もぐっと安くなった。

だが、そもそも、円が安くなったと言っても、はっきり言って、今までが異常に高すぎた。それを相応のところに戻そうとしているに過ぎない、ともいえる。なのに、アベノミクスについて、ドイツのメディアの書き方は、かなり辛辣《しんらつ》だ。

金融の量的緩和というなら、アメリカだってこの数年、同じことをしてきた。ひょっとすると、EUがギリシャやキプロスを援助しているのも、ユーロを大量に捻出しているのだから、量的緩和と言えるのかもしれない。誰も文句を言える筋合いではない。

八〇年代、マルク高に悩んでいたのは西ドイツ（当時）であった。他の通貨が弱すぎたということもあるが、マルクが上がると、ヨーロッパ向けだけでなく、アメリカへの輸出も滞《とどこお》った。輸出大国としては由々《ゆゆ》しき事態であったが、しかし西ドイツは金融緩和はしなかった。

一九二〇年代にハイパーインフレで悩んだドイツは、インフレに対するトラウマがある。恐怖感と嫌悪感の入り混じったような感情だ。連邦銀行も、インフレを防ぐことを自らの天命のように思っている。

しかも、当時の西ドイツマルクは常に強く、西ドイツ製品は高いにもかかわらず、売れた。まだグローバリズムは始まっておらず、西ドイツ国内の企業が、それによって海外へ逃避することもなかった。要するに、西ドイツの経済はマルク高でも安定しており、余力もあった。そして、ドイツ人はメイド・イン・ジャーマニーに絶大な自信を持っていた。

しかし、今は違う。世界中で壮絶な競争の起こっている現在、できることならライバルは少ないほうがよい。そんなおり、長いあいだ海の向こうで霞《かす》んでいたはずの日本が、動き出した。金融緩和の効果は著しく、途端に、株価は上がり、輸出業は息を吹き返しはじめた。そのおかげで、ドイツのダックス（株価指数）も好調だ。しかし、ドイツ人は、先行きが不安なのだ。日本が復活すると、これからどうなるのか。できるなら、勇み足で転んで、鼻の骨でも折ってほしい？

さて、アベノミクスのことを、ドイツのメディアはどう書いているか。《シュピーゲル》一月二十八日号の記事で、タイトルは『ハラキリ主義』。

日本が技術上の発明などしなくなってすでに久しい。その代わり、ここのところ、通貨政策では革新的なことをしている。安倍首相は、少なくとも物価が二パーセント上がるまで紙幣を印刷するようにと中央銀行に指示した。これが革命ではないとしたら何だ。通貨を守るべき機関がインフレを抑えず、それを誘導する。それも小数点以下まで正確に。

景気回復が論議されている。しかし実際は、ハラキリの危険がある。すでに過去数年、ほとんどすべての先進国が紙幣の印刷を試みた。しかし、あまり役に立ったとは言えない。日本やヨーロッパやアメリカでは、ほとんどゼロ金利になり、市場が流動資産の洪水になったにもかかわらず、流通過剰な貨幣は、おおむね金融産業のシステムのなかで留まったきりだ。危機に陥った西側の国民経済において、投資に値《あたい》するような機会が少ないため、銀行はほとんど貸付をしない。（略）日本の金融の革新は、他の産業国であまり歓迎されてはいない。ヨーロッパでは、まったく逆だ。財務相ヴォルフガング・ショイブレは、ドイツ連邦銀行総裁のイェンス・ヴァイトマンや、皆がスーパー・マリオと呼ぶ欧州中央銀行の総裁マリオ・ドラーギと同じく、このコンセプトを拒絶している。おそらくドラーギは、このニックネームを辞退することを考えたほうがいいだろう。ビデオゲーム「スーパー・マリオ」は、日本の発明だ。

日本の貨幣の洪水で利益を得るのは、政府と資産家と投資家だけだ。

一言で言って、ずいぶんくだらない記事だ。皮肉ばかりで中身がない。「日本が技術上の発明などしなくなってすでに久しい」などというのは、事実と異なる。車や洗濯機のように庶民の目に見えやすい分野では、他国の追随が激しいが、まだまだ日本には、そういう国々が真似のできないハイテク技術の牙城がある。嘘をまことしやかに書かないでほしい。

日本とギリシャを同列に論じる真意とは

さて、次も《シュピーゲル（オンライン版）》の記事だが、大変興味深い。二〇一二年十二月三十一日付で、タイトルは『アジアのギリシャ』。

日本は、今では時限爆弾だ。それと同時に、日本の劇的な借金は、ヨーロッパにとっての教材として適している。かつて経済の奇跡を起こしたこの国は、九〇年代に株の暴落とバブルの崩壊で衝撃を受けて以来、二度と復活することはなかった。銀行は援助されなければならず、保険会社は倒産した。経済成長率はしばしば惨《みじ》めなものとなり、国家支出の半分を税収で賄《まかな》うことさえできなくなった。それによって、どんどん借《しやつ》款《かん》が増える。悪循環だ。

この悲劇がこれまであまり話題にならなかったのは、ある奇抜な現象のためだ。それは何か。日本は、他のEUの破綻国とは違い、今も昔も、借入金に利子をほとんど払わないのだ。ギリシャが、最近では二桁の利子を払わなければいけないのに比べて、日本の利率は〇・七五パーセント。EUの優等生ドイツでさえ、もう少し高い。

その理由は簡単だ。EUの破綻国とは違い、日本の政府は、これまで自国の国民から借金をしていたのだ。国債の九五パーセントは、日本の銀行と保険会社によって買われている。つまり、国民の貯蓄だ。そして、おそらく国民は鉄のように固い意志で、日本政府は、いつの日か、その借金を返すことができると信じているのである。お金のパルペトゥウム・モビレ（訳注：物理でいう永久機関）のように見える。しかし、これが続くわけがないと、専門家は言う。「政府が対策を打たなければ、日本は次のギリシャになる」と、東京大学の経済学者、伊藤隆敏《いとうたかとし》教授。（略）

この崩壊を防ぐべき人間が、ガラス張りの高層ビルの狭間で、古臭い砦《とりで》のようにみえる、ある建物に構えている。この建物、東京の日銀の外壁は、重々しい、灰色の石造りで、太い柱と破風《はふ》で飾られている。

しかし、この難攻不落の印象は偽りだ。日銀総裁の白川方明《しらかわまさあき》（訳注：当時）は、たどたどしい英語を話し、髪を七三に分けた痩《や》せた男だ。彼は、ドイツの連銀の総裁J・ヴァイトマンら、西側の同僚たちがいつも説いている金融政策の鉄則を守ろうとさえしない。それどころか、白川は、景気回復のために、紙幣を印刷している。

彼の日銀は、二〇一一年より、緊急プログラムを敷いており、その金額は今、すでに九〇〇〇億ユーロに膨れ上がっている。比較のために言うなら、EUの国々が皆で

持ち寄った破綻国救済のための金額は、七〇〇〇億ユーロだ。（略）

二日目のクリスマス日（訳注：二十六日）に、安倍の首相就任式が行なわれた。この首相は、新しく、ユーロに換算すると九一〇億ユーロという巨大な景気対策プログラムをスタートさせようとしている。特に、建設部門での国家投資による景気回復が狙いだ。それと並行して安倍は、白川が制限なくお金を産業に回すよう、すでに命じた。もしも日銀が協力しなければ、法律を変え、日銀を政府の支配下に置くようにするつもりだ。

経済学者たちは、そのようなアイデアをよいとは思わない。「これは、壁に向かって進んでいる車の運転手が、ぶつかる前に、もう一度アクセルを踏むようなものだ」と、コメルツ銀行の主席経済学者のJ・クレーマーはあっさりと言う。キールの世界経済研究所のアジア専門家、K・J・ゲルンは、これを「完全なお手上げ状態」と呼ぶ。

日銀総裁白川は、どう反応すべきか、おそらく自分でもわかっていないのだろう。安倍の勝利の四日後、彼は諦《あきら》め、国債と証券を買い入れる緊急プログラムを、さらに九〇〇〇億ユーロ増額した。傍観者は、勝利者のための素晴らしいクリスマスプレゼン

ト と言った。（略）

三菱UFJ銀行などというわが国ではあまり有名でない銀行も、国際的なメガバンクのネットワークとつながっているのだから、それを通じて、世界全体の経済界が揺さぶられる可能性もある。（略）「日本はそれでも世界の最大の産業国の一つだ。そして、円は、国際通商における重要な通貨である」とゲルン。「この国が、舵《かじ》が利かなくなると、世界中が大変な問題を抱えることになる」。

日銀の元総裁のことを「たどたどしい英語を話し、髪を七三に分けた痩せた男」と書く意図は何だろう。論旨とは関係がない。とはいえ意味がないとは言い切れない。これによって、読者にある一定のイメージを喚起《かんき》させることはできる。そのイメージは好意的なものではない。ほとんどバカにしている。腹立たしいと思うのは私だけではないはずだ。こういう文章が出てくると、他の部分も信用できなくなってしまう。

アベノミクスについては、米連邦準備制度理事会（FRB）のバーナンキ議長や、ノーベル経済学賞受賞者であるクルーグマン教授が、一応支持しているが、もちろんそれには触れていない。引用は、アベノミクス批判の意見ばかりだ。ただ、その批判も、あまりロジカルではない。情緒に訴えるようなご都合主義に聞こえる。

そもそも、日本はアジアのギリシャであるという論には、かなり無理がある。純粋に借金だけを見れば、日本の経済状況は非常に不健康であり、このままではよくないことも確かだが、だからといってギリシャと同じとは言い難い。日本の国債は、投機のために外国の資本が所有しているわけではない。大部分は日本人の手の中にあるから、利子は国内に保たれる。とはいえ、その利子もあってないようなものだが。この記事にも出てくるように、たとえばギリシャの国債の利子は、一時は二桁台にもなった。

日本はドイツにとって、世界中でほとんど唯一のライバルだ。日本の輸出が、車や工作機械や、その他ハイテク技術の分野において盛り返せば、たちどころに困るのがドイツなのだから、本当は、「日本が技術上の発明などしなくなってすでに久しい」とは、夢にも思っていないはずだ。

つまり、頭にあるのは、日本の輸出増加のせいで自分たちが不景気になるなど真っ平御免という嫌悪感。だから、攻撃の矛先《ほこさき》は日本に向く。日本の円安は世界経済を乱す危険な政策だと。

しかし、今の今まで長らく、ユーロ安のお蔭《かげ》で好況を享受していたのはドイツである。

もちろん、それは一概にドイツのせいとは言えない。ユーロ自体のせいだ。ユーロを使っているのは、ドイツだけではない。そして、ユーロを使っている国々の間には、経済格差がありすぎる。つまり、ユーロは経済力の弱い国にとっては、ユーロ安でも、まだ高すぎる。そして、ドイツにとっては、もちろんいつも飛び切り安すぎる。当然のことながら、ドイツは常にユーロ安の恩恵を被《こうむ》り続けてこられた。これこそが、ドイツが黙っていても強くなる理由だ。一方、今まで日本の円が高すぎたのは、ドイツはもちろん、皆が百も承知だったに違いない。

そんな中、四月に行なわれたG20の財務相・中央銀行総裁会議で、日本政府の目的は為替操作ではなく、デフレからの脱却であるということを認めさせたのは、日本外交の成果であった。早い話、日本がデフレから抜け出すために、一時的に自国の通貨をどれだけ印刷しようが、日本の自由だ。同月、麻生《あそう》財務大臣がワシントンでの講演で、「円安は、日本経済を『緩やかな死』に直面させてきたデフレからの脱却を目指す政策の『副産物』だ」と説明したのは、見事であった。

ただし、これをドイツメディアは報道しなかった。

物価上昇率二パーセント目標は、なぜ悪いのか

日銀の前総裁、白川氏のことをぼろくそに書いたドイツメディアだったが、では、後任の黒田東彦《くろだはるひこ》総裁についてはどうか。まずは、二月二十五日付の《ディ・ヴェルト（オンライン版）》の記事だ。タイトルは、『だらしない金融政策の友人が新しい発券銀行の総裁に』。

これには少々説明がいる。原文では、〝laxe Geldpolitik の友人〟となっている。Geldpolitik というのは金融政策で、それについている形容詞〝lax〟が曲者《くせもの》だ。「ルーズな」とか、「だらしない」といった意味なので、つまり、このタイトルは、だらしない金融政策を好んで行なう人物が、日銀総裁になったということ。記事は次のとおりだ。

日本が通貨の洪水で、円を谷底に突き落としてからすでに久しい。各国の批評家は、日本の輸出に有利なように、競争が歪められていることを非難している。黒田が日銀の舵《かじ》を握ることになったら、日銀は四月にも、しつこく居座っているデフレに対する戦いに、さらに果敢に臨むだろうと専門家は見ている。

安倍は二〇一二年末に、蔓延しているデフレに、紙幣の印刷という方法で過激に対

抗するという目的を持って現われた。この国は、何年もの間、価格低下と投資の鈍化という悪循環に陥っていた。資金の洪水にもかかわらず、東京の政府は、自分たちが国際的に為替操作で非難されているとは思っていない。

この国は、先進国と新興工業国は、自由な為替レートを定めることができ、この原則に対する具体的な違反が罰せられることはないという、最近の二〇ヵ国サミットでの声明により、自分たちのやり方を認められたと感じている。すでに黒田は、財務官の時代より、円を弱くし、輸出産業を助けるため、為替市場に攻撃的な介入をしてきた。

市場は、このわかりやすい指名に、ポジティブな反応を見せ、日本円は三三カ月ぶりの安値となった。株式市場では、日経平均が上昇し、四年半ぶりの最高値だ。（略）

この六十八歳のアジア開発銀行の総裁は、安倍が金融政策に関して抱いている希望に対して、さほどの抵抗はしないだろうと思われる。彼は、さらに大幅な金融緩和にも賛成であり、九七年、九八年のアジア金融危機のとき、財務官に着任して以来、今なお、国際的な最高のネットワークを享受している。彼は、日銀が長期国債を大量に買い、円を弱くしたいと思っている。

黒田が日銀を仕切ることになれば、デフレに対する戦いにおける日銀の方針は、間もなくはっきりと先鋭化するだろう。政府の圧力の下、日銀は、インフレの目標をすでに一パーセントから二パーセントに上げた。来年からは、無制限に公債を買うつもりだ。おそらく、黒田はこの金の洪水をさらに前倒しにするだろうと、通貨の専門家はコメントしている。また、有価証券の購入も広がるだろう。

つまり、黒田総裁は、前任者よりもずっと政府寄りで、悪いヤツであるらしい。

黒田総裁が、安倍首相の筋に近いということが、非難がましく書いてあるが、ドイツの連邦銀行の総裁も、メルケルの筋に極めて近いヴァイデマンという人物だ。もちろん、ドイツの連銀も、政府からの独立性は保っている。しかし、政府との連携プレイは否定しない。だからこそ、ドイツの経済政策はうまくいっている。

また、二パーセントのインフレ目標が、途方もなく悪いことのように書いてあるが、ほとんど一〇年近く物価上昇がなかったのは、先進国では日本だけだ。ドイツは少なくともここ七年間、毎年、二パーセント前後の物価上昇率を保っていたし、フランスもそうだ。イギリスはもっとひどく、二〇一一年では五・二パーセントという月もあった。アメリカも三パーセント前後だ。三パーセントや五パーセントというのはよくないが、しかし、景気がよくなると、物価が上昇するのは自然の成り行きだ。物価の値上がりなしで好景気になることはありえない。それにしても、なぜ、日本が二パーセントと言っただけで、これほど悪者にされるのかがわからない。

『借金の出づる国』とはいかに

さて、次の記事は、三月二十八日に出た《ZDF》のオンラインの記事である。『借金の出づる国』というタイトルは、もちろん「日出づる国」に掛けてある。

「日出づる処《ところ》の天子、書を日没する処の天子に致す。つつがなきや」

その昔、聖徳太子が遣隋使《けんずいし》、小野妹子《おののいもこ》に持たせた元気な、というか、挑戦的な手紙だ。隋の煬帝《ようだい》がこれを読んで激しく怒ったというのは、納得できる。ただ私は、小野妹子は、この手紙を煬帝に渡していないと思っている。彼は、日本に戻って、聖徳太子に「返書を奪われた」と報告するが、返書など元々なかったに違いない。

まあ、それはさておくとして、ドイツではその歴史的経緯は知られていないが、「日出づる国」が日本であるという認識は定着している。というわけで、『借金の出づる国』。いろいろなことを考えるものだ。

日本は、キプロスなどはるかに凌駕《りょうが》するほどの借金の山を抱えている。そして、政府は節約をしない。しかし、この国が、この泥沼状態を制御できなければ、経済への影響はユーロ危機などよりもずっと大きいものになるだろう。

輪転機は用意された。巨大な借款《しゃっかん》にもかかわらず、日本政府は景気を上向きにするつもりだ。その一つが新しい交通プロジェクト。しかし、人口が減っているというのに、誰がその新しい道路を走るのか。

「デフレからの解放」、というのが安倍晋三首相のマントラ（訳注・ヒンズー教、密教などの神秘的な威力を持つ呪文）だ。この新首相は、インフラ改善のため、不振の景気を上昇させるため、そして、経済にとって危険なデフレを止めるため、手に一杯の金を持っている。わずか一五カ月で約八〇〇〇億ユーロだ。これと同じような金額をドイツ政府は、ユーロ危機の二度目の救済のために使った。

とはいえ、日本の抱えている借金の額はもっと大きい。経済規模を考慮に入れて比べれば、三倍だ。この国は、最高の借金を抱えた先進国である。専門家は、歯止めが利かなくなることを警告している。「最高に問題である」と。

日本の不景気は、この世紀になって、すでに四度目だ。何十億を掛けても、東京の政府は自国を不景気の泥沼から救いたいと思っている。長期的には、企業と自治体の投資を促し、それによって雇用を促進したい意向だ。

しかし専門家は、警告するように指先を上げる。「これほど大量の資金を投資するのは、非常に問題である。日本は、凄い借金を抱えた国なのだから」とハンブルクの世界経済研究所のミヒャエル・ブロイニンガーは、言う。そのうえ、このような景気上昇のための措置は、経済停滞と長期にわたる価格低下という危険な悪循環に対する対策としては、あまり効果的ではない。「インフラへの投資の効果は限られており、その金が長期的に実を結ぶことはないだろう」。

日本の経済学者たちも、このような方法で経済成長が起こるとは思っていない。その反対で、借金がさらに増えることを警告している。しかし、十二月から就任している、保守中道出身の政府の長は、違う意見を持っている。彼は、超緩和の金融政策をアジェンダにしたのだ。新しい日銀総裁黒田東彦は、緩和政策の擁護者として知られている。彼の下では、輪転機の回転速度は、おそらくもっと上がるだろう。

しかし、なぜ安倍は、景気づけにインフラを選んだのだろう。二〇一一年の地震と津波の災害の後、インフラというものが頑強な基礎とならなければいけないと、安倍は述べている。日本の交通網は、しかし、よく発達していることで有名だ。この国は、面積でいえば、世界で六十一番目の小さな国だ。そこに計一二〇万キロの道路が走っている。これは、世界で第五位だ。ドイツは、その半分しかない。それに加えて、六万八〇〇〇の橋梁、一万近くのトンネル、二五〇の高速鉄道と九八の空港がある（訳注：国交省の統計によれば、橋長一五メートル以上の橋梁は一五万五〇〇〇、トンネルは一万二〇〇、空港は九七だ。なお二五〇の高速鉄道というのは意味不明）。

しかも、次第に人口が減っていくのに、なぜ交通網を広げるのかと、専門家は疑問視している。日本社会は、慢性的な高齢化のプロセスに入っている。「国民が高齢化し、人口が減っていく時代に、道路やインフラの整備という、昔通りのことをやっていくことはできない」と、法政大学の政治学者、五十嵐敬喜《いがらしたかよし》教授は警告する。彼は、津波の後の復興でコンサルタントをした。

「短期間の間には、日本の人口が変化するとは私には思えない」とブロイニンガーは言う。評論家は、金が無意味に投資されることを警告する。彼らが挙げる例は、二〇一〇年に東京の八〇キロ北に開設された飛行場だ。掛かったお金が二億二五〇〇万ドル。一日六便。

東京の八〇キロ北の飛行場とは茨城空港のことにちがいない。しかし、それなら、私は次のニュースをお返ししたい。二〇一三年四月五日付の《北ドイツ放送（オンライン版）》のものだ。

カッセル - カルデン　運行便なしの空港（見出し）

新しい空港とは、皆こういうものだ。ベルリンは、乗客はいるものの、機能する新空港がない（訳注：ベルリンの新空港は、設計ミスで暗礁に乗り上げており、何度も開港が見合わされた。現在も開港の見通しは立っていない）。ヘッセン州には、拡張された空港ができたが、次のものがない。それは、乗客。それ見たことか、これが莫大な金の捨て場になることは、最初からわかっていたことではないかと、この空港建設に反対していた人々は思っているだろう。（略）

開港日の最初の便は、トルコのアンタルヤ行き。そして、二日目は、すでに空港は静かだった。なぜなら、この日アンタルヤ行きを利用しようとしたのは、たったの六人だったからだ。彼らはタクシーで、七〇キロ離れた最寄りの空港に運ばれた。（略）

「でも、五月からは満席で飛ぶはずだ」とは、空港のマネージャーの女性の言。

日本のインフラ整備をあざ笑っている場合ではないだろう。

4章　中国・北朝鮮を、ドイツはどう報じたか

1　蜜月の独中関係

李克強《りこっきょう》首相がポツダムを訪問した意図

二〇一三年五月二十六日、李克強首相がドイツを訪れた。ここ数年、ドイツと中国の二国関係は、蜜月といえるものだ。以下は、二〇一三年五月二十六日付《ベルリン新聞》の記事である。

中国の首相、李克強は、就任後初のドイツへの外遊の皮切りにポツダムを訪問した。ここでチェチリエンホーフを見学し、ブランデンブルクの州知事、マティアス・プラツェック（SPD）（訳注：二〇一三年八月に健康上の理由により辞任）**と会談する**（リード）

このテーブルから、戦後が始まった。李克強は赤いテーブルクロスを指でそっと撫《な》でる。この周りに、第二次世界大戦の勝利者が座っていたのだ。ヨゼフ・スターリン、ウィンストン・チャーチル、そして、ハリー・S・トルーマン。この中国の権力者である客人は、カメラマンたちににこやかに手を振りつつ、この瞬間、何を考えていたか？　おそらく、ここチェチリエンホーフで協議されたポツダム宣言であろう。これによって、敗戦国日本は、侵略で手に入れた領土を返還しなければいけなかったのだ。

いずれにしても、この中国の首相は、ドイツでの最初の訪問地を、極めて意識的に選択したと思われる。というのも、その心温まる物腰とは別に、李は、日本へ明確なメッセージを発信するため、この歴史的舞台を利用しているからだ。メッセージとは、東シナ海の無人の諸島（訳注：尖閣のこと）に対する中国の権利は不動のものであるというものだ。

「あれは激しい戦争を勝ち抜いた者の得た果実であった」と、李は、一九四三年にアメリカ、中国、イギリスが、日本が無条件降伏をするまで戦い抜こうと決めたカイロ宣言のことを言う。今日にいたるまで、中国語ではディアオユ、日本語では尖閣と呼ばれるこの諸島は、もっとも危険な紛争地の一つである。

力強い実務とエレガントな物腰で、李克強はこの雨模様の日曜日、ブランデンブルクに現われた。チェチリエンホーフの記念館で、李は、自分とドイツの緊密な関係を夢中になって語っている。一九九〇年、天安門事件の後、中国が非難されていたにもかかわらず、若い共産党員だった自分がチュービンゲン（訳注：南ドイツの大学都市）でどんなに温かく迎えられたかということを。李は、それを決して忘れない。今回の訪独のお土産には、彼はヘルダーリン（訳注：チュービンゲンにゆかりのある詩人）の詩集をもらう。彼はこの詩人の価値をよく知っている。

また、《ディ・ヴェルト（オンライン版）》の五月二十五日付の記事はこう書く。

日曜の最初の訪問プログラムでは、日本が前面に出てくる。というのも、李は、まずポツダムに行き、サンスーシ宮殿だけでなく、チェチリエンホーフを訪れるからだ。アメリカ、ロシア、イギリスの三大列強が一九四五年の七月に会談を開いた場所だ。チェチリエンホーフでは、彼はおそらくいくつかの外交上の考えを持ち出す。公式のスピーチではなく、コメントとして。

これは、北京にとって、重要なプログラムである。中国は自国を、第二次世界大戦での事実上の戦勝国であることを認めさせようとしている。尖閣をめぐる問題で、戦勝国として日本に対峙《たいじ》しているように見せるためだ。現在、世間の目には、力を付けてきた中国が暴力的な行動をとっているというイメージがあるが、そのイメージを消すのが目的である。

蔣介石《しょうかいせき》の中国は、第二次世界大戦で日本を相手に戦い、ヒトラーが南京にできた日本の傀儡《かいらい》政権を認めると、独中関係を断ち切った。この時期に、毛沢東の革命共産勢力は、後に台湾に追われることになる蔣介石と、一時の〝城内平和〟を取り付ける。そして、共同で、対日の前線を形成した。

一九四五年のポツダム会談には、中国は参加していない。三大列強が集《つど》ったポツダム会談は、第二次世界大戦終了のシンボルとなっている。東アジアの戦域では、このような会談はなされなかった。

日本では、中国がこの日突然、ポツダムで尖閣問題を持ち出したニュースを聞いて、皆が驚き、憤慨したが、李克強のドイツ訪問の直前に書かれた《ディ・ヴェルト（オンライン版)》の記事には、尖閣がすでに言及されていることに注目しなければいけない。「チェチリエンホーフでは、彼はおそらくいくつかの外交上の考えを持ち出す。公式のスピーチではなく、コメントとして」という予測は、その通りになった。
《ベルリン新聞》のほうは、李首相のポツダム訪問直後に書かれているようだが、同紙も「中国の首相は、ドイツでの最初の訪問地を、極めて意識的に選択した」と冷静に見ている。

つまり、少なくとも、ドイツのメディアは、李克強がポツダムで何をしようとしているかを知っていたということだ。おそらく、すべてはドイツ側の了解、あるいは、合意の上での話だったのだろう。中国首相のポツダム訪問の持つ意味を読めなかったのは、日本人だけだったのかと思うと、なんだか情けない。日中関係は、日本を除いた世界の舞台で着々と展開している。

ドイツでは結果的に、李克強訪独についての最初のニュースはポツダムのシーンであった。そして、そこでの李克強の領土問題についての発言を、茶の間のドイツ人たちが聞いた。「無人の諸島」をめぐる日中の領土問題は、おそらくドイツ人の記憶に焼き付けられただろう。それも、心情的に中国に少し近づく形で。それ以後、李克強は二度、三度と二ュースに登場したが、人々にとって第一回目ほどの印象も関心も呼び起こさなかった。つまり、李克強の目的はちゃんと達せられたといえる。

それにしても、ドイツのポジションは微妙である。ポツダム宣言で、ヒトラーが侵略した領土だけではなく、固有の領土まで奪われる形になったのは、ドイツも同じだ。ソ連は、自分がポーランドの領土を奪ったので、その代わりにドイツの領土を削ってポーランドに与えた。

しかし、中国の前では、ドイツはあたかも戦勝国であったように、堂々と歩調を合わせている。中国も、当時取り損《そこ》ねた領土を取り返せばいいと言わんばかりだ。

今回、李克強の待遇は、国賓としては最高のものだった。メルケル首相は、軍隊の儀仗兵で李克強を迎え、四八時間ほどの滞在中に三度も会った。忙しい彼女のスケジュールでは異例のことだ。なぜ会談を三回に分けたかというと、抗争中のテーマと、平和的なテーマを別々に持ち出せることで、中国の面目をつぶさないよう配慮したからだという。

なお、四八時間の間に李克強が会見した人を数えるなら、前述のように、ポツダムでブランデンブルク州知事に会った後、ベルリンの大統領官邸、ベルヴュー宮殿でガウク大統領に迎えられ、その後、メルケル首相と李首相は、別々のヘリコプターで、ベルリンの北に位置するメーゼベルクへ飛んだ。そこの迎賓館での晩餐会のためだ。メルケル首相は、前任者、温家宝《おんかほう》首相もこの迎賓館でもてなした。

翌月曜は、メルケル首相は再び李首相に会い、首相官邸で朝食を取ったというから、これ以上の蜜月はない。また、野党ドイツ社会民主党（ＳＰＤ）の党首ガブリエル、九月の総選挙の首相の対抗馬であるシュタインブリュックとも会い、そのうえ、最後の日には、ドイツの政治家の中では最大級の長老、ヘルムート・シュミットとも会った。大統領とシュミットはともかくとして、他のドイツの現役政治家は皆、李克強とちょっとでも面識を取り付けておきたいという意欲を、異常なほどに示していた。

ダンピング問題におけるドイツの微妙な立ち位置

一方、独中関係は、バラ色のことばかりではない。今回、テーマの一つとなっていたのが、中国の格安ソーラーパネルである。中国はすごい勢いでソーラーパネルの生産を伸ばし、現在、ドイツ市場のシェアは七〇パーセント。一方、ドイツ製は一五パーセントに追いやられ、倒産が相次いでいる。中国のソーラーパネルのメーカーは、政府から手厚い補助を受けており、ヨーロッパの製品と比べると三〇パーセントも安い価格で売ることができる。EUは、これをダンピングと見ており、アンチ・ダンピング委員会はすでに今年六月から、中国製のソーラーパネルに一一・八パーセントの制裁的関税をかけている。八月からはその税率を四七・六パーセントに引き上げる協議も進んでいた。しかし、その制裁に強く反対しているのが、ドイツである。ドイツは中国との関係を傷つけないよう必死だ。以下は、やはり《ディ・ヴェルト（オンライン版）》五月二十五日付の記事である。

ドイツ訪問の直前に、中国の首相がEUに警告を送ってきた。メルケル首相にとっては、李克強は一筋縄ではいかない交渉相手だ。なぜなら、ヨーロッパは中国の助けを必要としているからだ（リード）

中国の李克強首相は、ドイツ訪問の直前に、EUを、ソーラーパネルの販売競争の件で非難した。金曜の夜、「制裁の関税とアンチ・ダンピング捜査は、誰の役に立たないだけでなく、多くの国に被害を及ぼすことになる」という李克強首相の言葉を、中国の通信社《新華社》は引用している。「EUが、中国との経済と貿易関係を総合的に考え、自由貿易の原則を守ることを望んでいる」と。

駐中ドイツ大使、ミヒャエル・シェーファーは、やはり《新華社》とのインタビューで、保護貿易に反対であると表明。「輸出大国として、ドイツと中国はグローバルな自由貿易を保証し、保護主義をなくし、公正な交易のルールを作っていくという共通の利害を持っているはずだ」。


二〇一二年の夏、メルケルが中国を訪問したとき、中国のダンピング問題はすでに議題に上っていた。そして、メルケルは、EUが中国に対して進めている制裁措置を止めるため、できる限りの努力をすると約束したのだ。それ以来、中国の指導者は、ドイツが制裁を止めてくれると思い込んでいる。あるいは、そう思い込んでいるふりをして、ドイツに発破《はっぱ》をかけようとしているのかもしれないが、いずれにしても、中国は、ドイツがEUでの真の実力者であり、その力を中国のために注いでくれることを強く期待していることは間違いがないようだ。

次は、五月二十四日付の《南ドイツ新聞》のオンライン版。

李克強が努力をしていないとは、誰も言えないだろう。この中国の新首相は、日曜日にベルリンに到着する前に、あらかじめ、好意の表現と取れる多くのシグナルを送ってきていた。明らかな先ぶれとしては、関税法違反の疑いを掛けられ、明瞭な手続きの行なわれないままに一年以上も拘束されていた美術品運輸業者ニルス・イェンリッヒが、ドイツへ戻ってきたことだ。（中略）。李自身も、《ディ・ツァイト》紙への投稿で、「中国とドイツが手に手を取って大きく前進するためには、すべてのことをする」と表明している。

アンゲラ・メルケルが八月に訪中したとき、当時の首相温家宝は、両国間の「明るい（訳注：木の葉の間から光が差し込んでくるというような意味）未来」を誓った。李は、新政府も、やはりドイツとの特別な関係を維持していきたいという意思を表明している。経済的にも、地政学的にも重要性を増してきた中国は、くだけて言うなら、ドイツにぞっこん惚《ほ》れ込んでいる。もちろん、その背景に打算がないわけではないが。

二〇一二年の交易は一四四〇億ユーロで、ドイツは中国にとって、EUの中で最重要な交易パートナーだ。中国人は、今なお自国の近代化に余念がないが、近代化のために必要なものは、他のEU諸国でなく、ドイツにこそあると思っている。

前述の《ベルリン新聞》は、この問題についてこう書く。

李は、ドイツの前に訪れたスイスで、ヨーロッパの閉鎖主義に対して警告を発している。「現在の経済情勢においては、各国は安定した、開放的な交易を保持するべきである」と。李は、メルケルの援助を計算に入れている。彼女は、EUと中国の間で「穏便で公正な合意」がなされるよう努力してくれるだろうと。

しかし、(制裁措置の)手続きは、それ以後も、メルケルが止めることのできないまま進んでいる。中国からの客人に、メルケルは、すべての道はベルリンに通じているわけではないということを、はっきりとわからせなければいけない。(中略)

中国人は、彼らにとってドイツがヨーロッパで一番大切なパートナーであることを隠さない。経済的な結びつきは急速に進んでいる。中国の市場は、ドイツの産業界にとっては金鉱のようなもので、また反対に、中国は巨大な外貨準備金のドイツへの投資を、さらに増やしたいと思っている。

なぜドイツと中国は、ウマが合うのか

そして、《シュピーゲル（オンライン版）》は、ついに次のように書いた。五月二十七日付の記事だ。

ベルリン発――就任後、初のドイツ訪問において、中国の首相、李克強は、ドイツ企業に対し、生産業の組立て部門における密接な協力だけでなく、経済以外の他の分野、たとえば、ロジスティック、教育や養成、医学などの分野も開放していくと約束した。

今朝、李克強は（訳注：昨夜の晩餐会に引き続き）再びメルケル首相と会った。経済学者である李は、前日と同様、彼の就任の訪問は、EUではただ一国、ドイツだけであるということを強調した。中国の対EU貿易収支の三分の一はドイツで占められているため、この北京の指導者は、両国関係をさらに深くしたい意思が明白だ。

このあからさまな歩み寄りは、おそらく、メルケル首相とリョスラー経済相が、EUが中国製のソーラーパネルに課そうとしている制裁の関税に対し、激しく異議を唱えているためかもしれない。なお、日曜の夜に決議された独中声明によると、ドイツ

に、中国の商工会議所と投資エージェントが開設されることが決まった。

シーメンスのボスであるペーター・ロッシャーは、中国のドイツへの直接投資一二億ユーロは、まだ少ないと強調している。ドイツの企業は、三五〇億ユーロを中国に投資しているという。また、経済相のリョスラーも、中国への投資には何の留保もついていないということを訴えている。投資は両手《もろて》を挙げて歓迎されるそうだ。なお、両国間の投資保護協定も計画されている。

すでに前日、フォルクスワーゲン、ＢＡＳＦ、シーメンスなどは、いくつかの契約を結ぶことができた。また先週の金曜には、中国航空は、エアバスを一〇〇機注文した。李は、この協力関係を、産業の分野だけでなく、さらに広げていけることを強調した。〝メイド・イン・チャイナ〟は、ようやく立ち上がりかけたばかりだが、〝メイド・イン・ジャーマニー〟は、すでに熟していると李。

「私たちが、理想的に最高の条件でコンビを組めば、夢のようなカップルが出来上がる」と、李は強調し、両国が将来、「手に手を取って」、他の国の市場も取り込んでいけると言う。さらに李は、中国の市場を、他の外国の企業にも開放することと、知的財産の保護のため戦うことを約束した。

北京は、国営の社会保険制度の構築と、環境政策について、ドイツの助言を欲している。

私が読む限り、ドイツと中国の関係は片思いではなく、互いが互いを必要としている冷静な利害関係に見える。純粋な愛情で結ばれていなくても、理想的といえるパートナーシップは存在するのだ。つまり、ドイツ人は中国のことを、絶対的に好きではないかもしれないが、少なくとも嫌いではない。

日本人の中には、「なぜ、ドイツ人には中国の本質が見えないのか」と思う人も多いが、私は、中国は多面的であり、ドイツに対する中国の態度は、日本に対する態度とは根本的に違うものであると思っている。

中国は、おそらくドイツは利用できると思うと同時に、ドイツ人と中国人は本当にウマが合うのだろう。つまり、同じ利害関係でも、好意に根付いた利害関係なのだ。だから、独中関係がうまくいくのは、不思議でも何でもないし、日中関係と比べることはできない。中国には、「反独」という忌まわしい言葉はない。

「人権」には口をつぐむと決めたドイツ

ただ、残念なのは、ドイツが、中国市場を重視するあまり、中国の嫌がることは一切しないという態度を取りはじめていることだ。以前は、ダライ・ラマを迎え、中国の反感を大いに買っていたメルケル首相も、二〇〇九年よりは、中国に対する公式な批判からは、一切距離を置いている。

前出の五月二十五日付《ディ・ヴェルト（オンライン版）》は書く。

李は、木曜日、《ディ・ツァイト》紙の紙面で、両国の違いを尊重することをアピールした。彼は、意見の違いは良いことであり、「共通点を探し、相違点はそのままにしておく」ことが望ましいと書いている。「今日の世の中では、各国の考えが違うのは当たり前のこと」で、決定的なのは、他国を「自分の物差しで測ったり、自分の意見を押し付けたりしないということだ」と。

ただ、五月二十六日付《ベルリン新聞》の書いていることも興味深い。

もし、本当に、優待関係があるとするなら、特別な責任も生じてくるはずだ。ドイツの外交筋のあるグループは、中国を人権に関する非難で刺激することはやめるべきだと警告している。そんなことをすると、強大な力を蓄えつつある中国の前で、ドイツの利益が損なわれることになるだけだからである。つまり、中国には、彼ら独自の多面的な人権という解釈をドイツが認めたと思わせておけば、それこそがドイツのためになることだというわけだ。しかし、それでは、人権問題で非難するのは、弱い独裁者だけにしておこうということになる。

中国の影響は、たしかにすでに大きい。そして、グローバリズムの結果として、中国はだんだん近づいてくる。だからこそ、北京の指導者たちとの批判抜きのパートナーシップはあってはならない。李克強は、日曜にドイツを訪れるだけでなく、ヨーロッパの民主主義を訪問するのである。

しかし、実際問題としては、中国の指導者たちが訪問するのは、「民主主義」などではない。新しい主席、習近平《しゅうきんぺい》は、三月にロシアとアフリカを訪問し、六月初めにはカリフォルニアでオバマ大統領に会った。李克強の初外遊先は、インド、パキスタン、スイス、そして、ドイツ。いずれも中国にとって、エネルギー、覇権、そして、金融において、重要な国々である。民主主義を学ぼうなどという腹は、彼らにはない。

彼らは、堪能な英語と感じの良い物腰で、常に微笑《ほほえ》みを絶やさず、世界を席巻していく。そのうえ、エアバスをポンと一〇〇機買ってくれるのだから、ドイツ人にとってもこれ以上ありがたい話はない。世の中は、人間関係も、国と国とのつながりも、結局、すべてお金次第という理屈は、日本人はわかっているようで、実感としてはわからないところがある。日本人は、誠意というものは打算抜きだと信じているが、他国の政治家にとって、誠意は、何かを手に入れるために使う武器の一つである場合が多い。

それにしても、ドイツの報道の醸《かも》し出す〝得意顔〟には、ちょっと辟易する。「北京の指導者たちとの批判抜きのパートナーシップはあってはならない」と冷静な振りを装いながらも、貴方だけよと惚れ込まれると、おだてに弱いドイツ人は嬉しさを隠しきれない。私の目には、どうも中国側が一枚上だと映るところだ。

八月六日の制裁関税の強化の実施を前に、EUと中国はようやく合意に至った。しかし、EU側が「友好的な解決」と呼ぶその妥協案は、ふたを開ければ、EUの全面的な敗北。将来の中国製パネルの最低販売価格と販売量が決められたのだが、一ワット当たり五六セントという最低価格は、今まで中国が売ってきた価格と、それほど変わりがない。中国に保証された販売枠七ギガワットも、それだけですでにＥＵの七〇パーセント近いシェアだ。つまり、これを守りさえすれば、中国のメーカーは罰則を恐れる必要はなくなるわけで、何のことはない、ＥＵは、中国のダンピングにお墨付きを与えたに等しい。中国とドイツは、まさに夢のようなカップルであった。

この調子では、堅固で友好的な独中関係や、米中関係が成立し、日本が締め出されてしまうかもしれないと思うとゾッとする。この感覚だけは、おそらくすべての日本人が共有できるのではないか。手遅れになってから発奮しても取り返しがつかない。私たちは、すでに壁際まで押されている。今こそ、いったい何をどうしたいのかを冷静に考えて、賢明に実行に移す必要がある。まだ、間に合うと信じたい。

2　中国プロパガンダ

中国とドイツの古くて深い縁

日本人からすれば異常とも思える独中の蜜月だが、元々中国のファンはドイツに多い。昔ながらの文化ファンだ。なんといっても中華文明は長い歴史を誇る。多くの人（それは日本人も含めて）が、インドやエジプトの文明に興味を持つのと同じく、中国の古代文明に思いを馳《は》せる。それは研究対象であり、ロマンの対象でもある。

また、それほど文化に興味のない人でも、なんとなく凄い国という感じは持っている。つまり、長い歴史の随所に、賢人や科学者や凄い政治家や巨万の富を誇った商人が、砂のあいだでキラリと輝く砂金のように点在し、それぞれに鬼才を発揮したのが中国だろうと想像を膨《ふく》らませる。

実際、ヨーロッパ人が十八世紀までどうやっても作れなかった磁器を、中国人はすでに後漢《ごかん》時代（一世紀）に作っていたし、ヨーロッパの三大発明とされる火薬、羅針盤、印刷機も、すべて中国の既製品改良版だ。現在の中国は、他国の技術を自国の発明と言い張る傾向が顕著だが、五〇〇年前には、それと同じことをヨーロッパ人がしていた。

近代になってからの中国とドイツの関係は、とても緊密だ。蔣介石は、満洲事変以後、日本との協調を主張する一方、対日戦の準備も着々と進めていた。そのための軍事顧問として招聘《しょうへい》されたのがドイツ人だ。一九三三年以降、このドイツ人の支援によって、中国軍の近代化が進む。

ハンス・フォン・ゼークトは、一九三三年から三五年まで蔣介石の軍事顧問を務め、その後任がアレクサンダー・フォン・ファルケンハウゼン。ドイツ人たちは、上海で日本軍を壊滅させるために入念な作戦を練り、最新の兵器を中国に渡し、訓練にもあたっていた。つまり、一九三七年の第二次上海事件における日本軍の本当の敵は、中国ではなく、ドイツであったのだ。

ドイツと日本が、一九三六年に防共協定を結んでいたことを思えば、その行為はかなり不実である。いや、日独関係が不実だったのではなく、同盟国であるはずの日本を倒すために、中国軍を指揮していたドイツ軍が不実だった。

さすがの日本もこれを看過《かんか》できず、強く抗議した結果、一九三八年、ファルケンハウゼン将軍はようやく中国を後にしたが、そのとき彼は、「最後に中国が勝つと確信している。中国はどこまでも戦い続けられる。中国軍は素晴らしい」と言い残した（阿羅健一《あらけんいち》著『日中戦争はドイツが仕組んだ』小学館）。

それから時は流れ、蔣介石は大陸を去り、毛沢東の中国ができた。私がドイツに渡った一九八二年というと、もちろん文化大革命（一九六六年から七七年）のほとぼりは冷めていたが、それでも昔話になっていたわけではない。「マオ・ツァイトゥンをどう思うか？」と初めて訊かれたとき、それが毛沢東のことだと気付くまでに、少々時間がかかったのを覚えている。そして、それ以後、何度も何度も、繰り返しその質問を受けた。毛沢東が、ドイツの左翼学生の間でスーパースターだったのは、それほど古い話ではないのだ。

ドイツでは、『毛語録』のドイツ語版も出回っていた。のちに、母親が『毛語録』のドイツ語訳を作ったメンバーだったという中国人女性と知り合った。インテリが下放《かほう》（地方の農村で働き、思想改造を受けること）されていたときも、彼女の母親は北京でその重要な任務に従事していたため、友人は幸運にも、ずっと北京の自宅で母親とともに暮らすことができたと語っていた。こうして訳された『毛語録』は、ドイツでは、今でもまずまず売れている。

　メルケル首相は、二〇一二年八月、北京での記者会見で、「中国はドイツにとって、アジアで一番重要なパートナーです」とはっきり言った。日本にはいまだに、一九四〇年に結ばれた日独伊軍事同盟などという埃《ほこり》を被った昔話を根拠に、日本とドイツの堅固な関係を語る人がいるが、日独関係が精神的にとても堅固だったのは、ビスマルクと伊藤博文《いとうひろぶみ》のころで、ヒトラーの時代の話ではない。そして、戦後も、その関係が再び緊密になることは、決してなかった。それに比して、ドイツと中国の古くて深い縁は、今日までずっと繋がっている。

　その強力な独中関係は、今では中身が様変わりして、通商が重要な地位を占めている。ドイツの輸出の六パーセントは中国向けで、中国はドイツにとって五大輸出先の一つとなっている。特に車業界は、今や中国なしには生きていけない。二〇一一年、メルセデスは、生産している車両の一〇パーセント、BMWは一六・八パーセント、そして、フォルクスワーゲンは三〇パーセントを、中国で売った。一方、中国の輸出も、その四分の一がドイツ向け。多くのドイツ企業が、中国との商売に目の色を変えるのは、無理もない話だ。

ドイツ外務省のHPにみる独中関係の緊密さ

ドイツ外務省のホームページ（HP）に、『中国――多くの顔を持った国』というタイトルで、たくさんの写真入りの次のような文章が載っていた。

中国経済が盛況であることは誰でも知っている。すでに二〇一〇年、国民総生産で第二の経済大国であった日本を抜き、二〇〇九年には、輸出額で輸出大国ドイツをも追い越した。ドイツ企業が中国という国を、製造国、そして、次第に研究開発の立地として見出《みいだ》してから、すでに久しい。同時に、この世界の真ん中の国（訳注：中国のことをよくこのような言い方で呼ぶ）は巨大な消費国でもある。多くの中国人は、今日、数年前よりずっと良い暮らしをしている。

中国はまた、国際政治においても、影響力を増し、大変重要視されている国である。国連安全保障理事会の常任理事国として、シリア、リビア、イラン、北朝鮮、あるいは、他の紛争地についての今日的な政治問題において、決定を担う重要な位置にいる。二〇一一年末のダーバンでの国連温暖化防止（WWF）会議では、温暖化防止政策においても、国の大きさ、また、発展途上国でのリーダーシップの大きさを誇る中国を抜きにしては、京都議定書の後続となる効果的な政策は考えられないということが、新たに示された。

もちろん、このページは、中国を褒《ほ》め称えるだけでなく、その影の部分にも言及している。

まだ何百万もの中国人、特に地方の中国人は、貧困状態を抜け出せず、医療や十分な教育とは無縁の生活だ。多くは出稼ぎで都市へ、仕事を探すために出かけている。彼らの生活は、しばしば容易ならぬ状況だ。

さらに、報道の自由の制限されていることや、人権侵害の実態にも触れ、例として、二〇一〇年にノーベル平和賞を取った劉暁波《りゅうぎょうは》が拘束されたままであること、また、二〇一一年末には、法治国家や民主主義や人権を求めた活動家に対する厳しい判決が下ったこと、そして、チベットと新疆《しんきょう》ウイグル自治区の状況などが述べられている。

しかし、まとめはやはり緊密な独中関係の強調だ。

ドイツと中国は、戦略的なパートナーシップを享受している。二国間関係は緊密で、それは高度な政治的レベルでも同様だ。二〇一一年六月、第一回の二国間政府サミットが開催され、メルケル首相がベルリンで温家宝首相を迎えた。温家宝首相は一四人の大臣を伴っていた。また同年十二月には、ヴェスターヴェレ外相は、中国の外相・楊潔篪《ようけつち》と、詳細な戦略的協議を行なった。

文化交流については、「文化、教育、学術、社会的分野における協力は、中国との関係において、政治と経済の次に大切な柱である」とのこと。ドイツは、ゲーテ・インスティトゥートやDAAD（ドイツ学術交流会）など、さまざまな機関を使って、二国間の文化交流を図っている。

ドイツでも評価が二分する孔子《こうし》学院

自分の国の文化を知ってもらおうということにかけては、中国は熱心だ。しかも、ドイツ向けだけでなく、世界に向けて、いろいろな方法で自国の宣伝を発信している。

これに関しては、いくつか同じような趣旨の、興味深い記事があった。
たとえば、二〇一二年十月の《シュピーゲル》44号に載った『賢人と世界征服者たち』(十月二十九日オンライン版にも掲載)。

中国共産党は、途上国でのメディアの主導権を確立するために、七〇億ドルを費やしている。最近の出来事としては、国営テレビ放送《CCTV(中国中央電視台)》は、ナイロビから《CNN》と《BBC》に対抗するプログラムとして、主に明るいニュースを中心に放送を始めた。すでに《CCTV》は、一四〇カ国で数億人の視聴者を持っている。

テレビというメディアを使っての自国PRはとりわけ効果的だ。日本はなぜやらないのだろう。《NHK》は国民から視聴料金を取っている半国営放送なのだから、日本をこき下ろす番組ばかりではなく、海外に向けての啓蒙番組を作るべきではないか。日本にだって、宣伝する材料はたくさんあるはずだ。
一方、中国の積極的なPR活動の中で、少々不気味なのが孔子学院だ。哲学者、孔子にちなんで名付けられたこの学校は世界各地にあり、誰もが無料で中国の文化に触れることができる。以下も同じ《シュピーゲル》の記事だ。

中国は孔子を使った自国のイメージ向上をあらゆるところで図っている。二〇〇八年のオリンピックの開会式では、孔子の弟子のような衣装をまとったエキストラが登場した。孔子とともに、中国の指導者は世界中の留学生を口説いている。このキャンパス外交の範囲は、インドネシアのような国々から、アメリカまで含まれている。

彼らは語学教室と並んで、中国文化、書道、そして、中国料理を広めるゼミナールを提供している。学院のほとんどは大学に所属している。現在、一〇五カ国に三五八の学院があり、ドイツだけでも一三カ校だ。

これらの活動に対しては、意見が真二つに分かれる。中国を批判的に見ている人たちにとっては、孔子学院はプロパガンダの道具であり、共産党の命《めい》を受けたトロイの木馬だ。中国に対して友好的な人は、ホスト国は経費を分担しているのだから、監視もしていると指摘する。それに、ドイツだって、ゲーテ・インスティトュートを使って、同じようにドイツへの共感を得ようとしているではないかと。

バイエルン州北部の街、エアランゲンの中国学者M・ラックナー氏は、同地の孔子学院の長だが、他のたいていの同僚と同じく、「党が直接の影響力を及ぼしている印象は持たない」という見解だ。「とはいっても、もちろん孔子学院は、北京に対する批判を行なうためにあるのではない」とのこと。

ルードヴィヒスハーフェン経済大学の東アジア・インスティトュートの長であるJ・ルドルフ氏は、孔子学院をまったく違ったふうに見ている。彼の指摘では、この学院は党の宣伝部を務める李長春《りちょうしゅん》の配下にあり、李は中国メディアの検閲を行なう最高位にいる。ルドルフ氏は、北京で発行された『孔子学院の指導者のための手引き書』を引用する。ここには、すべての教授は、孔子学院に対する〝熱い愛情〟を持ち、〝高い自覚により〟、生徒、および教師についての報告書を提出することが熱心に勧められているという。

また、こんな記事もある。少し古いが、二〇一〇年十二月十日付の《南ドイツ新聞》だ。

自由思想家劉暁波が中国人で初めてノーベル平和賞を受賞した。北京がこの作家を監禁し、全力でその表彰式をボイコットしたことが、多くの人々を憤慨させた。しかし、ドイツの中国専門家からは、一切の批判が出ない。その理由の一つは、中国に好意的な学者たちは、お金と博士号で手なずけられているからだ。

作家、および中国学者であるT・シュペングラーは言う。「この業界の沈黙は、場合によればありがたいことかもしれない。というのも、この学者たちのグループは、当時まだ生き生きとしていたマオイズムに対して、実践的な愚行で熱中していたのだから。言論の自由というのは、どのみち、口をつぐむ自由を意味するのかもしれない」。

ミュンヘンの教授ハンス・ファン・エス氏は、〝北京は、外国の中国学者は皆、それ自体で友人である〟と思いはじめているという。ということは、中国学会自体も、まったく無実とは言えないのだ。ここ数年、たとえば、ドイツ短波の中国に関する報道についての論争、あるいはフランクフルトのブックフェアでの大評判などに関して、ドイツ人の中国学者が何か意見を言ったとき、彼らの目的はただ一つしかなかった。誤解をされ、傷つき、侮辱されたと感じている中国政府への理解を促すことだ。

典型的なのは、中国学者で経済学者であるカーステン・ヘルマン＝ピラート氏が、今週、《フランクフルター・アルゲマイネ》紙に書いた記事だ。このプロフェッショナルな中国理解者の配語法は、しばしば、文化の差異を理解しろ、一方的なスタンダードを押し付けるなという、ヨーロッパ人への警告だ。つまり、中国は全体主義の権力ではないという事実（訳注：二五年来、誰もそんなことは主張していないが）の告知。中国人に対して、〝顔を潰す〟ことだけは絶対にしてはいけないという警告（訳注：中国政府自体は、相手に対してそんなことは気にかけていないようだが）。そして、この国がいかに進歩しているかということに対して目を向けさせること。ヘルマン＝ピラート氏の理論は、「中国語を解す者が、中国国内に定着している多くの西洋的思想に接するなら、西側の民主主義と何一つ差を見つけることはできない」というところまで行きつく。彼はフランクフルトで、ビジネス学と文化科学のための東西センターを率いている。四つの中国の大学が、彼に、終身の客員教授のタイトルを与えている。

中国の女流作家、戴晴《たいせい》は、一九八九年の天安門事件以来、作家活動を禁止され、現在、北京で自宅監禁されている。彼女は、すでに長らく、西側の中国人学者が中国にひざまずいていることを嘆いている。中でも特に、「政府の性質を美化する」人たちは理解できないと、彼女は電話インタビューで言った。本当は強烈な権力が行使されている北京のことを、善良な政府だと言う人々、独裁政権を権威主義などという婉《えん》曲《きょく》な表現で表わそうとする人々のことだ。「これは知的能力の欠如ではなく、人間的な弱さから来ていると思う」と彼女は言う。なぜなら、「中国の影響は驚異的に伸びている。中国はお金を持っている。中国政府の気に食わないことを言わないドイツの学者は、良い思いができる」。研究費、そして、名誉教授の称号。しかし、戴晴は、ヨーロッパ人は用心すべきだと言う。「中国の権力者たちは、皆に自分たちの世界観を押し付けようとしているのだ。良いことを言ってくれる人が増えれば増えるほど、彼らは一歩一歩前進する」。

北京の理論家たちの中には昔の左翼がいると、一九八七年からケルンにいる自由思想の作家、シー・ミン（Shi Ming）は言う。文化信奉者がいて、不都合なことを相対化する人間がいて、その他に、ドイツの政治家のコンサルタントとして中国の扉を開いてやろうとする人間たちがいる。「そこには、無定見な日和見主義がある」という。

ベルリンの中国学者、ハンス・キューナーは、中国人学者の中には、何人かの同僚は中国政府に仕えているのではないかという懸念を持ちはじめていると言う。「この傾向は新しい段階に入りはじめた。中国に依存しはじめたドイツ人学者がものすごく多くなっている。彼らは中国が怒りそうなことからは、完璧に手を引いている」。

J・ルドルフ氏は言う。「多くの同僚は中国との共同作業を欲し、中国内でのフィールドワークをしたい。だから、頭の中に矛盾ができる。中国が国内で何をしているかは、ドイツ人学者にとって、どうでもよいことだというのはわかる。ただ、彼らがこれほど極端に中国の利害を代弁して、すべてそれに従おうとするのは危険なことだ」。

ドイツ人がことさら孔子に惹かれる理由

孔子学院のシステムは特別だ。教育省の下部組織である中国国家漢弁（漢語国際推進指導グループ弁公室）が仕切っており、各国の、中国学という学科を持っている大学とのコラボレーションで運営されている。ドイツの大学が、場所と長となる人物を提供し、中国政府がその経費を持つ。ゆえに中国の発言権は強い。すでに、中国の主張に、周りにいるドイツ人教授たちが同調するというようなシステムになってしまっているところが多いという。だから、劉暁波がノーベル賞を受賞したとき、孔子学院はそのニュースを一切無視した。もちろん、チベットも台湾も、ここではタブーだ。

ゲッティンゲン大学にも孔子学院は併設されているが、二〇一一年、当大学において、ヨーロッパで初めて孔子学院との共催で新しい二つの講座が開設された。その一つは「近代中国の社会と経済」であり、このゼミの責任者によれば、「われわれが、超複合的な中国の発展をよりよく理解することができるよう補助してくれる、時代に即した重要なものである」ということになる。ただ、どちらの講座も、その経費を中国が支払っているというのが気に掛かる。

それについて《シュピーゲル》が懐疑的に書いている。

「大学側は、『独中関係の将来の共同作業を見極めるまたとない視点』と舞い上がっているが、問題は、誰から見た視点かということだ」と。

ドイツや日本と違い、インド政府は孔子学院を大学や学校に併設することを拒否した。孔子学院は、文化という衣を装ったソフトパワーで、政治的な権力を拡張する試みであると思っているようだ。

シドニー大学では、孔子学院の開設が検討されたとき、数人の教授たちが、孔子学院を中国学の学科とは切り離すよう要求した。ジョセリン・チェイ（Jocelyn Chey）教授は、孔子学院は中国共産党のプロパガンダ組織であるとし、ゲーテ・インスティトゥートやアンスティトュ・フランセのカウンターパートとなりうるものではないと主張している。

日本の大学の要所要所にも中国人の教授がいて、彼らが日本の思想界に影響を与えていると言われてすでに久しいが、状況はドイツも似たようなものなのかもしれない。それどころか、発展途上国に対する中国の影響力がますます甚大になっていることは、国際会議での中国のイニシアティブを見ていると、よくわかる。

中国は、他国と外交関係を結ぶ際に、相手国の人権問題や政治のやり方に文句を付けない。そして、これこそが、特に中国から援助を受ける独裁国の指導者にとっては、大変ありがたいことなのだが、ただ中国側としては、自分たちに「人権侵害」や「非民主主義」というイメージが張り付いてしまうのは困る。だから、イメージ浄化の意味で、孔子ほどありがたいものはないというのも、よくわかる。

孔子は、中国の「徳」のイメージを強化してくれる。ドイツ人とは、哲学に特別な思い入れのある人々なので、哲学者、孔子は常に高く評価されている。だから中国が、「人権擁護」やら「民主主義」という西洋発の苦々しい価値観をやんわりと退けるには、これほど理想的なものはない。中国のイメージアップ、そして、独自の価値観の拡張に、孔子学院は大いに役に立っているわけだ。

孫子《そんし》を平和主義者として利用する中国

中国の、哲学者を使ったソフトパワー構築の試みは、最近、孫子を使っても盛んに行なわれている。山東省《さんとうしょう》済南《さいなん》に近い恵民鎮《けいみんちん》が孫子の生まれ故郷。孫子は、ここで二五五〇年以上前に生まれたというが、今では、誕生日の十月には、ここに党の幹部が集まり、式典が催される。恵民鎮には、孫子故園《こえん》、孫子兵法城《へいほうじょう》も作られた。

生まれ故郷や誕生日については、異説もあって少々あやふやだが、しかし、孫子が紀元前六世紀、呉《ご》王・闔閭《こうりょ》に立派な将軍として仕えたということは、おそらく本当である。一番有名な著書は、もちろん兵法を記した『孫子』。ただ、この本も、彼の手によるものか、のちに弟子たちによって書かれたものかは、よくわからないらしい。

いずれにしても、今の中国では、孫子は孔子と並んで聖なる人物だ。中国の宣伝部は、孫子の言葉から、まさに党が好みそうなところを抽出している。たとえば、「強制ではなく、よい手本で人を引っ張っていく」とか、「大きな功績は、抗《あらが》う敵を戦わずして破ることにある」とか。

それどころか、数年前からは、絹の装丁の特製本『孫子』は、外国の要人のための名物土産になっているらしい。「この本は、梁光烈《りようこうれつ》(前国防相)が米国訪問した際にもウェストポイントで贈呈されたし、ノース・カロライナ州の軍事基地(オスプレイの訓練基地)の訪問でもお土産となった(《多維新聞網》二〇一二年五月十日付)」。そういえば、メルケル首相はもう二冊も持っていると、《シュピーゲル》にも書いてあった。

現在、中国で、孫子の言葉の中で一番多く引用される文章は、「捕虜はその地位にふさわしく扱え。そして、よく面倒を見よ」というものだそうだ。つまり、孫子は現代中国で、「平和主義者」として復活したのである。

その平和主義者・中国が、アジアで、きな臭いことばかりしている。ヨーロッパやアメリカでさえ、通商、あるいは環境問題の衝突で、中国の制裁を恐れている始末だ。

これではソフトパワー作戦も、冥利《みようり》が失われるのではないかと思うが、しかし、その心配はないようだ。中国は、すべて計算済みなのだろう。

しかもドイツでは、中国ファンは増えこそすれ、減ってはいないように見受けられる。昔は、街を歩いていると、よく「日本人ですか?」と声を掛けられたが、今では、「中国人ですか?」と言われる。喫茶店などで、ウェイターが得意そうに、「ニーハオ!」などと挨拶《あいさつ》してくれることもある。

私と同じく、三〇年以上もドイツに暮らすある教授は、最近、あまりにも中国人と間違われることが多いので、そのたびに、「東洋人が何人《なにじん》だかわからないときは、中国人かと訊《き》かずに、日本人かと尋ねなさい。中国人と間違われて喜ぶアジア人はいないからね」と引導を渡していると言っていた。

たしかに私も、中国人と間違われて嬉しいとは思わない。いずれにしても、これからの中国の、強硬パワーとソフトパワーの発展の兼ね合いが興味深いところである。

3　北朝鮮の核実験について

核実験を報じる各紙

二〇一三年二月十二日、北朝鮮が核実験を行なった。日頃、ドイツのニュースにあまり出てこない北朝鮮が、さすがに大きく登場した。核実験というと、世界は敏感になる。

《ARD（オンライン版）》二〇一三年二月十二日の記事から。

日本政府によると、共産国・北朝鮮は、核実験を行なった模様だ。「われわれは北朝鮮が核実験を実施したと見ている」と、日本政府の報道官、菅義偉《すがよしひで》は緊急の記者会見で発表した。国連安保理のある外交官は、ロイターが報道した韓国筋の情報により、そのような実験があったことを認めた。その前に、複数の国の地震観測所が、北朝鮮の実験場、豊渓里《プンゲリ》における人工的な地震を観測した。揺れは普通の地震とは違うと、日本の気象庁。地下の核実験も、地震を誘発することがあり、それは、自然の地震とは異なる。

中国の北京にある地震センターは、北朝鮮で爆発が原因の地震が起こったと発表した。

アメリカの地質学者も、核施設のそばで、震度四・九の地震を観測。震源地は、地表よりわずか数キロの地点とのこと。

北朝鮮政府は、当初、声明を発表しなかった。この孤立した国は、国連の決議により、核とミサイルの技術開発を禁じられている。韓国の《聯合ニュース》の報道によると、平壌は中国とアメリカに、すでに月曜日に核実験を行なう旨を通告したという。

それ以前に、北朝鮮の政治局は、将来も、国際的な抗議にもかかわらず、長距離ミサイルの実験を行なうことを明確に表明していた。その同じ声明の中で、平壌は、「さらに集中したアクション」を予告。国家の自衛力が拡張されなくてはいけないからだそうだ。ただ、このアクションが具体的に何を意味するかは、不明のままだ。

国連の安全保障理事会は、一月末、北朝鮮が十二月に行なったミサイルの打上げ実験のため、北朝鮮に対する制裁を強めた。同盟国中国も、この決定に同意している。北朝鮮の指導者は、制裁に対し、アメリカに対する脅しという形で対応した。核とミサイルのプログラムは、将来、アメリカを仮想敵国として行なわれるそうだ。そのうえ北朝鮮は、一九九二年に韓国と結んだ、朝鮮半島の非核化の取り決めも破棄した。

また、十二月十四日付の《ディ・ヴェルト》は、少し違った視点から、次のように書いている。

北朝鮮の核実験は中国を激昂《げっこう》させた。北朝鮮の独裁者は最後の同盟国を失うのだろうか。韓国が予防のための攻撃を模索している間に、中国では放射能汚染の不安が広がっている（リード）

北朝鮮の若い権力者金正恩《キムジョンウン》は、今回の核実験で度を越したのだろうか。最後の同盟者中国にも見放されるのか。この疑問は、この孤立した政府を考え直させるために国際的な制裁が議論されている今、まるで見当違いというわけではない。

平壌は、陸路や海路の封鎖を緩和するために、北京を頼ることはもうできない。ただ、北京の外務省は北朝鮮の核実験を決然と批判したものの、まだ、完全に指揮棒を折ることは躊躇《ちゅうちょ》している。そして、他の国々に、冷静な対処と、交渉による解決をアピールした。

ただ、多くの傍観者は、中国の回答の重要なニュアンスを聞き逃している。今回は、これまでの核やミサイル実験のときと異なり、「北京はそのために努力するだろう」という最後の一文が欠けている。平壌にとっては、この文章こそが、制裁がそれほどひどいものにはならないだろうという保証の意味を持っていたのだ。だが、どうも今回は、北朝鮮の最大のエネルギー供給国、かつ最大の通商相手である中国は、北朝鮮を泥沼から救い出すつもりはないらしい。

中国政府が北朝鮮を庇《かば》わないのは、国際的な圧力があるからだけではない。中国の国内でも、核実験で中国国民の利益や健康をもてあそぶ北朝鮮の指導者に対して、中国政府が寛容な態度を取りすぎていることに、怒りや苛立《いらだ》ちが増しているのだ。

党に忠実な《環球時報》でさえ、自社のホームページで、自国の指導者に警告を発している。「中国は、今回は制裁を支持するだけではなく、北朝鮮で混乱が起きて、難民が押し寄せてきたときのために、国境に防御措置を備えなければならない」と。

北朝鮮の作戦は、核実験のせいで激しく横にそれてしまっている。それは、イランでさえも距離を置き、中国のような同盟国がそっぽを向くほどだ。中国の、検閲のできないツイッターなどでは、北朝鮮政府への怒りだけではなく、虚偽の連帯を装う中国政府に対しても、不満が爆発している。

何千人もが、放射能汚染に対する批判的な質問のため、環境省に押しかけた。観測所は、木曜日に、一五〇カ所の観測地点で測った放射能の数値を発表し、北朝鮮の核実験が、国境地域での観測値を増加させることはなかったことを保証した。しかし、国民が不安を感じるのは無理もない。いくつかの国境の町は、核実験の行なわれた場所から一〇〇キロしか離れていないのだ。

中国の北東部は二四時間体制で監視され、水と土壌が試験的に採取されたことを環境省が発表した。放射能値の上昇は観測されなかった。しかし、多くのブロガーは懐疑的で、「それが真実であり、イデオロギーの見地から改竄されていないことを望む」と書いている。

北朝鮮の核実験により、アジア太平洋地域で武装合戦に火が点《つ》く恐れがある。特に韓国は、何をするかわからない隣国に対する武装を強化しようとしている。

軍の戦闘準備を示すため、韓国政府は木曜日、アメリカ軍と緊密に共同しながら、陸、空、海軍の演習を行なうよう指令を出したと、韓国の《聯合ニュース》が報じた。核兵器が発射された二四時間後、韓国政府は、巡航ミサイルを北の国境に配置させた。

国防軍のスポークスマン、キム・ミンソクによると、韓国の、射程八〇〇キロの弾道ミサイルの開発計画は、予定よりも早められるということだ。同時に、独自のミサイル防御システムも整備する。ソウルとワシントンは、関係を密にしている。

北朝鮮の行動は、アメリカを、アジアで起こっている出来事に深くかかわらせることになったと、中国の通信社《新華社》が警告している。中国は、オバマ大統領の発表した「わが国は、われわれの同盟国の側に立っており、それらの国々のミサイル防御を強化し、世界が、このような恫喝《どうかつ》に決然とした態度で臨むよう導いていく」という政府声明を指摘している。

それ以来オバマは、韓国と日本に新たに支援を保証し、これらの国々がアメリカの核の傘の下にあることを明確に示している。木曜に出る数少ない新聞の一つである《中国日報》は、北朝鮮は、アメリカ軍がアジアで優位に立つための理由を作ったと書いた。

朝鮮戦争（一九五〇～五三年）以来、韓国とアメリカは援助協定を結んでおり、アメリカは今でも韓国に二万八五〇〇人の兵隊を駐留させている。新たに起こった核の脅威は、この二国をさらに強く結びつける。

国防省の高官と軍の専門家が、新しい防御措置について意見を一致させたことを、韓国の《聯合ニュース》が報道。二月二十一日にワシントンで計画されている会合で、彼らは、どのような条件下の先制攻撃で、平壌が進めている核実験に機先を制するかということについて話し合うことになっている。

こういう計画の背景には、北朝鮮の、今回の三度目の核実験では、「より小さな、軽量の、しかし強い爆破力を持つ核兵器」に転換でき、「物理的にも朝鮮の多様な核戦力を証明することができた」という発表である。

傍観者は、この発表を、平壌が初めて、ウランの濃縮を行ない、小型化に成功した核兵器を試すことができたと解釈している。

韓国の専門家は、これらの推測をまだ証明できずにいる。しかし、もしその推測が正しいなら、北朝鮮は、長距離ミサイルに核弾頭を付けるだけでなく、一万キロも離れた国々を威嚇することもできるようになる。その中には、アメリカ西海岸も含まれる。また、ウランは簡単に輸送できるため、核拡散の危険が増すことにもなる。

アメリカの国防長官レオン・パネッタは、ペンタゴンでの記者会見で、北朝鮮は、アメリカと北東アジア、そして同盟国の利害に対する〝脅威〟であると述べた。

しかし、北朝鮮の核実験にも良い面があるようだ。驚いたことに、東シナ海のディアオユ諸島、日本では尖閣諸島だが、その諸島について激しい紛争していた中国と日本が、再び歩み寄っている。

東京の外務省、アジア大洋州局長の杉山晋輔《すぎやましんすけ》（訳注：現在は外務審議官）は、来週、中国の正月休みが終わるのを待って、中国の北朝鮮問題担当者、武大偉《ぶだいい》と、核実験後の状況について協議するため、北京に出向く予定だ。

ドイツの北朝鮮報道は、なぜ甘いのか

なお、《フランクフルター・アルゲマイネ》は、アジアで起こっていることを、次のよ

うに見ている。北朝鮮の核のニュースにちなんで、韓国と日本の竹島問題に触れていたのは、同紙だけである（二〇一三年二月十二日付）。

極東地域では他にも多くの紛争が存在しており、今まで、北朝鮮問題について周辺各国が共同で対処することが妨げられてきた。日中関係は、目下のところ、危急の紛争を抱えている。前面に出ているのが無人の諸島である。この諸島は、日本が事実上は管理しており、中国が領有を主張している。そして、この紛争地域の海を両国の船が行きかっている。

武力闘争にはまだ至っていないが、交わされている言葉は、非常に攻撃的である。この紛争の背景には、将来、中国が担う世界政治での役割が関わっている。日本と周辺地域の国々は、中国が経済だけではなく、政治的、軍事的にも伸長することを恐れている。そうなると、各国の利害に大きくかかわってくるからである。これらの国々は、アジア地域の状況展開に不安を感じ、ゆえに、アジアで強い存在感を示そうとしているアメリカの援助を受けている。そして、中国はそれに脅威を感じている。

ただ、中国に対するアジアの共同の政策も、他の紛争に邪魔をされている。日本と韓国は、やはりある島を争っている。これは韓国が実効支配しており、日本がその領有を主張している。さらに、この両国の関係は、今なお、植民地の歴史による負荷が掛かっている。日本は韓国を一九一〇年から四五年まで支配していた。この時期に行なわれた残虐行為は、韓国ではまだ忘れられていない。現在、その状況は、当時の兵隊や役人の犯罪を認めようとしない多くの日本人の態度により、さらに悪化している。

以上は、主に北朝鮮、あるいは中国に関する報道なので、最後の《フランクフルター・アルゲマイネ》の「日本の残虐行為」の部分以外は、あまり神経に障《さわ》らない。ただ、ドイツの特派員が北朝鮮を見ている目は、まだまだ甘い気がする。あるいは、真実を伝えることを躊躇しているのか。

膨大な資金をかけて行なっている核とミサイルの開発と並行して、この国には大勢の餓死しかけている人間がいる。しかも、一般の人間は、世界の情勢を知る術《すべ》も持たない。まさに孤立しているのだが、その度合いの甚だしさが、これらの報道からは一切伝わってこない。

しかし、それを指摘すると、「東ドイツもそうだったわ」というような見当はずれのことを言いだすドイツ人は多い。もちろん東ドイツは共産主義の独裁国家で、自由がなく、人々は貧乏だった。ただ、教育程度は高く、音楽、芸術、スポーツなどの文化は発達し、社会福祉はしっかりと機能し、贅沢さえ言わなければ衣食住は満たされており、餓死する人も凍える人もいなかった。何より、西側の情報は十分に入っており、国民にはそれを分析する能力もあった。そして彼らは、体制に対する批判は公の場所では口にせず、仲間内でジョークにして笑い飛ばすウィットを持ち合わせていた。

私は北朝鮮に行ったわけではないが、北朝鮮に関する拙訳書（マイク・ブラッケ著『北朝鮮「楽園」の残骸――ある東独青年が見た真実』草思社）があり、実際にそこで暮らしていたドイツ人たちから多くのインサイダー情報を仕入れたつもりである。だから、北朝鮮の貧困が、少なくともかつての東ドイツのそれとは雲泥の差であることだけは、自信を持って言える。

そういえば、今回の一連のニュースで一番驚いたのは、ミサイル発射のニュースで見た、北朝鮮の指令室の映像だった。

私たちがニュースで見慣れているNASAの宇宙センターは、数えきれないほどのコンピューターが並び、壁一面にもびっしりとモニターが張り付いていて、金属やら樹脂やらが冷たく無機質に輝く、まるでジェームズ・ボンドが紛れ込んだ世界征服を狙う悪者のハイテク基地の指令室のような物々しさだった。

ところが、北朝鮮のほうはというと、近代的とはお世辞にも言えない、すっきりした田舎の学校の教室のような部屋に、机が並んでいる。そして、そこに数人の技術者たちが、これも学校の授業よろしくお行儀よく座っていて、各自の前にコンピューターが一台ずつ並んでいた。そして、その他には何もなかった！

まさか、ここが本当に北朝鮮の宇宙センターだとは思わないが、いずれにしても、そういう写真が公開されていたのだ。この整然とした様子が、北朝鮮の国内では受けるのかもしれない。若い、美しい女性がすっくと背筋を伸ばして、コンピューターの前に座っている映像は、たしかに印象的だったが、彼らは研究者ではなく、皆、俳優と女優ではないかと、私は思っている。

中国人が、北朝鮮の核実験の後、放射能漏れを疑い、大騒ぎをしたという話は、日本では小さな記事にしかならなかったようだ。中国人は放射能をとても恐れる。それは、福島の事故の後、あれほど大勢の中国人が、一目散で帰国したのを見てもよくわかる。ちなみに当時は、ドイツ人と中国人が日本脱出を競っていた。

ドイツ人は極端なナチュラル派が多く、とかく何でも危険だと見なす用心深い人たちなので、福島の原発事故の後、われ先にと脱出したのも無理はない。しかし、不可解なのは中国人だ。それほど危険に敏感ならば、なぜ、国内の数々の危険をここまで放置したのか。

中国の環境汚染問題

二月二十二日、《シュピーゲル》のオンライン版が、次のような記事を載せた。

重金属が中国の河川と地下水を、スモッグが大気を汚染している。ついに政府はこれまでになく、はっきりと国民への壊滅的な影響を認めた。環境省のレポートが、重度の疾病が増加している工業地区に近い癌症村に言及（リード）

北京発——中国ブームだ。産業は夢のような成長を示し、お金が湧き出ている。環境保護者がこの爆発的な経済の成果によるネガティブな影響に警告を出して、すでに久しい。自然環境と人間には、大気と土壌の汚染により、極限まで負荷がかかっている。今、中国政府は初めて、癌症村の存在を認めた。その地域では、住民の癌の発症率が、極端に増加している。

「過去の数年間で、有毒物質と環境汚染が重篤な健康上の問題を招いた」と環境省のレポートにある。このレポートは、「大気と水の極度な汚染が、危機状況に陥っている」ことにも触れている。それにより、国民に、長期的な危険が降りかかっている。いわゆる「癌症村」である。

村の具体的な数と場所はレポートでは示されていない。また、病気の種類や頻度についての詳細な情報もない。

それにもかかわらず、「化学物質の危機管理における五年計画」の一環であるこの報告は、驚くべきものだ。なるほど、今までしばしば、産業地域の近辺での癌の発症率の増加について非公式の報告はあった。しかし、環境破壊による被害についての、これほど明確な政府の声明は、今まで出されたことがなかった。

それどころか、今までは常に、環境汚染と疾病の増加は証明することができないとされていた。環境問題の弁護士王燦発《ワンカンファ》は、イギリスのＢＢＣに対して、癌症村という言葉が、初めて公式の政府の文書に使われたことを認めた。

「私はこれをポジティブに受け取っている」と、もう一人の環境問題の活動家である馬軍《マーチュン》は《テレグラフ》に語っている。「問題を挙げることは、問題の長期的な解決に向かうきっかけになりうる」。この注目すべき発展の中に、馬は、政府が環境破壊と関わっていくうえで、さらに透明度を増していくと見ている。

中国から聞こえてくる数値は十分に不安なものだ。癌の疾病は、ここ数年で、死因のトップとなった。統計によると、中国の四人に一人が癌で命を落としている。癌患者の死亡率を見ると、この三〇年で八〇パーセントも増加した。

北京など大都市の重篤な大気汚染と並んで、河川、地下水、耕作地の土壌は、壊滅的な状況だ。中国のジャーナリスト鄧飛《デンフェイ》は、すでに長い間、汚染と癌の関係を調べてきた。彼は、郷土の多くの水路を観察すると不安を感じると、《テレグラフ》に語った。「一刻も早く変えなくてはいけない」と鄧。そうでないと、「われわれは終わりだ」。

《シュピーゲル》がこの記事を載せているのに、日本のメディアは無視だ。インターネット版の《朝日新聞デジタル》を探しても、《毎日.jp》を探しても、まったく見つからない。大手で載せたのは《MSN産経ニュース》だけ（「中国、今度は地下水汚染　大気汚染に続き政府の無策ぶり露呈か」二月十八日付）。いったいどうなっているのだろう。

《MSN産経ニュース》の記事では、調査報道で知られる中国広東省の日刊紙、《南方都市報》の報道から、具体的な数値を引いている。主に重金属汚染の恐れが指摘されており、同紙によると、六四パーセントの都市に加え三三パーセントの都市も「軽度な汚染」があったとして、合わせて九七パーセントの都市で地下水汚染があると警鐘を鳴らしている。

つまり、北朝鮮や日本からの放射能の心配よりも、彼らはもっと喫緊《きっきん》な心配をしなくてはいけない。現在の水源や大気の汚染は、放射能よりも絶対に即効性があるはずだ。ここまで重度に大気や水を汚染してしまっては、何十年後に白血病が出る心配ではなく、明日には癌になると思ったほうがよい。

ドイツ人のこの記事に対する反応は、自省的、かつ、同情的なものが多い。それは読者のコメントを見るとよくわかる。

「石炭発電と環境汚染によって、太陽光発電パネルが、電気自動車の充電式電池が、風力発電の動力となるネオジム磁石が、生産されている」

風力発電の風車の動力となっているネオジム磁石はレアアース磁石の一つで、永久磁石ではもっとも強力。面倒なメンテナンスも省《はぶ》けるので、大変便利らしい。しかし、生産に当たり、環境を重度に汚染し、なおかつ、労働者、および、付近の住民の健康まで害する。そのため、ドイツの多くの風車メーカーは使用していない。ところが、中国はこれをほとんど独占で生産しているのである。

ネオジム磁石の需要は多い。風車だけではなく、パソコンのハードディスクや、携帯電話や、ハイブリッド車や、エレベーターなど、ありとあらゆるものに使われている。環境問題を考えなければ、金のなる木だ。そして、実際に中国は環境問題を完全に無視してやって来たから、どんどんお金が儲かり、その代わり、ここまで汚染が進んだに違いない。

それについて、あるドイツ人はこういうコメントを書いている。

「中国製品は安いわけではない。われわれは環境汚染と、中国人労働者の福利厚生を犠牲にして、節約しているだけだ。植民地主義はまだ終わっていない」と。

中国人への視線が、いつも同情的な理由

ドイツ人の中国人に対する視線は、常に同情的だ。日本人の目が、反日教育に熱心な共産党政府と、環境のことも労働者のことも考えずに金儲けに明け暮れている支配層に向かっていて、そこから中国人全般を批判的にとらえているのに比べて、ドイツ人の視線は、搾取され、健康まで犠牲にしている可哀そうな労働者にぴったりと張り付いている。

たしかに、何の力も持たず、低賃金と劣悪な労働条件の下、健康を害しながら働く人々は気の毒である。その気持ちは、私たち日本人にもないわけでもないが、しかし、一方、そういう可哀そうなはずの労働者が、反日デモで立ち上がり、日本の工場に火を放ち、日の丸を焼いたり、略奪をしたりしているのを見ると、私たちの同情心は水を掛けられたように消えてしまう。そもそも私たちは、必ずしも経営者が悪で、労働者が善というステレオタイプの考え方をしない。善良な経営者がいてもおかしくないと、どこかで思っている。と同時に、労働者が悪だということもありうる。

ところが、西ヨーロッパ人の体の中には、権利闘争のDNAがしっかりと埋め込まれている。イングランドの議会が国王のチャールズ一世に権利の請願を出したのが一六二八年。恣意《しい》的な課税、不法な逮捕や投獄は、国民の固有の権利を踏みにじるものであるとい

う抗議だ。

ヨーロッパ人の視点は常に民衆の視点で、民衆は善で、国家権力は悪なのだ。それは、十四世紀のウィリアム・テルの時代から変わらない。そして、民衆の権利はフランス革命で成就し、民衆の力はヨーロッパ人の誇りとなった。のちにマルクスとエンゲルスが現われて、その権利闘争にさらに磨きがかかった。マルクスもエンゲルスも、ドイツ人である。

近代の西ヨーロッパ人は、基本的に考え方が左寄りだ。そして、その傾向は、現在どんどん強まっているような気がする。自然志向も、家族の崩壊も、ストの頻発も、結局は、自由思想と「民衆は善で国家権力が悪」という考えからきている。だから、ドイツ人が中国人を見ると、すべては横暴な国家権力に抗《あらが》う善良な民衆という見方になるのは、当然と言えば当然かもしれない。その善良な民衆が権利闘争をするならば、ドイツ人は力を貸さなければいけないのである。

ドイツ人が北朝鮮を見る視線も同様で、可哀そうな国民に力を貸したいが、その援助が国民に届かず、核兵器の開発に使われているから、ドイツ人は戸惑《とまど》っている。

ところで、《ディ・ヴェルト》が言うように、今回の核実験で、中国が北朝鮮を見放したという見方は、はたして正しいのだろうか。中国は、もう、とっくの昔から北朝鮮を見限っており、アメリカや日本相手に、北朝鮮カードとして使える限りは、利用しようとしていただけではないか。

しかし、今や、その北朝鮮カードが使えない。北朝鮮が中国に従順ではなくなったことを、世界中が知ってしまったとなると、中国のメンツは丸つぶれだ。しかも、下手に脅すこともできない。相手も核を飛ばせるとなると、日本を脅すのとは勝手が違ってくる。

韓国が、アメリカと先制攻撃について協議しているというのは、おそらく本当だろう。そして中国も、北朝鮮の若い独裁者が血迷って攻撃を仕掛けてくる前に、いかにして機先を制するか、真剣に考えているに違いない。アジアのプロブレムメーカーは、無視できないリスクに膨れ上がりつつある。

しかし、ドイツ人にとって北朝鮮は遠い。中国とは歴史的な付き合いも長いし、現在は市場として巨大であり、その関係は深い。しかし、ドイツ人にとっての北朝鮮は、私たちにとってのナイジェリアのようなもので、資源はあるのかもしれないが、あまり関係のない国だ。そして何より、北朝鮮の核はドイツまでは届かない。

だから、現在の核問題のほとぼりが冷めると、北朝鮮はまたドイツのニュースから消えてしまうだろう。少なくとも、次の核実験が行なわれるまで。

すべてが不確かな状況の下、それだけが私に言える唯一確かなことだ。

終章　雅子さま報道をめぐって

雅子妃殿下に、極めて同情的なドイツメディア

ドイツのメディアについて辛辣なことを述べてきたが、最後に、皇室に対しての報道の一例を見てみよう。

雅子《まさこ》皇太子妃殿下に対しては、ドイツのメディアはとても心優しい。これは、近代のヨーロッパ男性の女性に対する敬意であるのか、それとも、彼らが信じている日本の男性優位の風潮に対する非難であるのか、そこらへんはわからない。

たとえ後者だとしても、常日頃から、雅子妃に関する多くの日本人の意地の悪さに腹を立てている私としては、ドイツ人の彼女に対する優しさは嬉しい。雅子妃も、こういう報道を耳になされれば、少し元気が出るのではないだろうか。

《シュピーゲル》二〇一三年四月二十九日号の記事から。

世界中から貴族たちがアムステルダムの王権交代にやって来る。特に注目されたのは、日本からの来賓だ。皇太子妃殿下、雅子は心の病気に苦しんで、孤独な生活を送っている。今、彼女は一一年ぶりに初めて公務で外国の旅に出る勇気を持った（リード）

高貴な人々が何かのお祝いで集合するのは、いつもゴシップ誌の好むところだ。結婚式、告別式、あるいは戴冠式に、各国から上品な紳士たちがやって来る。淑女たちは大げさな帽子とともに。見ていて楽しい。しかし、この人たちに真の人間のドラマなど見ようとしても、無駄だ。少なくとも通常は。

日本の皇太子妃殿下雅子が待ち受けられていた。世界の貴族の中で、一番の悲劇の人物だ。

すでに何年もの間、この外交官の娘は引きこもっている。彼女は、宮内庁がストレスによる環境適応障害と名付けた何物かに苦しんでいる。多くの傍観者は、それはうつ病を上品に言い換えたものだと思っている。アムステルダムへの旅は、雅子の公務として一一年ぶりの外遊だ。

たいていのヨーロッパの王室のやっているようなラフなスタイルとは、日本の皇族は縁がない。古臭い、厳しい規則が生活を縛っている。一一〇〇人の宮内庁の職員が皇族の一挙一動と発言を監視している。
幼稚園をモスクワで、学校をニューヨークと東京とボストンで、そして、大学をハーバードで過ごした、まさに世界を股にかけていたキャリアウーマン雅子は、まったく正反対の世界に舞い込んでしまった。（略）
五カ国語をこなすコスモポリタン雅子にとって、この結婚は彼女の人生を劇的に変えるものだった。皇太子妃には、クレジットカードも免許証もあっても役に立たず、思いついて散歩に行くことも、メディアとの接触も一切できなくなった。公式の行事では、彼女は皇太子より三歩後ろをちょこちょこと歩かなくてはいけない。
特に、国民は跡継ぎの誕生を待ち望んでいた。しかし、雅子は一九九九年、最初の子供を流産した。二〇〇一年に生まれたのは女の子、愛子《あいこ》だった。愛子には天皇の継承権がない。少なくともこの時点より、雅子は日本の大衆週刊誌の攻撃を受けるようになった。

ちょうどこのころ、雅子に精神的な問題が起こったと見られている。噂によれば、鬱《うつ》が出はじめたのは、一九九六年だともいう。二〇〇三年、帯状疱疹《たいじょうほうしん》の診断が下った。それ以来、彼女は公務に就かなくなった。二〇〇四年、宮内庁は、雅子が、うつ病と恐怖症に関連した適応障害に罹患《りかん》し、心理的、薬物的の両方から治療を受けていると発表した。

それ以来、雅子は滅多に公式の場に姿を現わしていない。数年間、彼女はまったく引きこもって生活していた。近年は、ときどき国内の行事には現われる。しかし、外国での公務は二〇〇二年以来、務めることがなかった。昨年一年は、彼女は東京を離れることさえなかった。

日本のメディアは、この明らかに病気である女性に、ひどく意地悪く毒づいてきた。日本国民は、彼女が皇太子妃としての義務をきちんと行使していないことに対して、不快に思っているのだ。すでに二〇〇四年から、皇太子徳仁《なるひと》は、彼の妻の人格を否定するような動きのあることを公式に抗議している。彼は、メディアに対しても個人的に、雅子をそっとしてやってほしいと訴えている。皇室の歴史上、いまだかつてなかったことである。

この四十九歳の女性が、ウィレム＝アレクサンダーの戴冠式を初めての（公式訪問として）旅に選んだのは、決して偶然ではない。すでに二〇〇六年に、彼女はオランダ女王ベアトリクスの招待で、徳仁とともに二週間の予定でオランダへ飛んだ。（略）彼女は、心のこもった関係をオランダ王室と結んだのだという。

今回のオランダ訪問は六日間だ。そして、彼女の一挙一動が日本のメディアに観察される。これこそが、雅子にとって、本来の生活への復帰であるかもしれない。

次は、《ディ・ヴェルト（オンライン版）》二〇一三年四月二十八日付。

皇太子妃殿下、雅子　日本で一番有名な悲劇の囚人

知的で、裕福で、不幸。日本の皇太子妃殿下雅子はウィレム＝アレクサンダーの戴冠式に出席する。祖国では、彼女は同情され、そして、敵視されている。なぜ？（リード）

皇室の日常生活は、雅子にとって自分の限界を試す恐ろしいほどの克服を意味した。息のつまる公式行事が二〇〇四年のストレス性の適応障害と名づけられた苦しみの原因だ。皇太子妃の心の病を、多くの人は悲劇のダイアナ妃と比べた。そして、幾人かは、ダイアナ妃のほうが幸せだったという。なぜなら、彼女は生から解放されたから。

一九九三年、それまで生き生きと世界で活躍していた東京人、かつ外交官であった小和田《おわだ》雅子が、七年間の躊躇の末に皇室に嫁いだ。その彼女が不安に苛《さいな》まれた幽霊のような囚人に変わってしまうとは、これ以上劇的なことは想像することさえ難しい。それは、まるで、公開で窒息の拷問がなされているかのようだ。外交官の娘としてモスクワとニューヨークで育ち、東京で法律を学び、ハーバードでは、最高の成績で経済学の博士号を取った。そして、若い外交官として、さらにオックスフォードで養成を受けた。雅子の魅力と優雅さは皇太子を魅了するに十分なものだった。

今年四十九歳になるこの女性が予測できなかった、あるいは、予測したくなかったことは、この重荷と閉所恐怖症になりそうな数々の規制に対して、自分がいかに準備不足であったかということだった。雅子がこの任務に就くということは、彼女の夫の願いを共に実現するということであり、同時にそれは、膠着《こうちゃく》した宮内庁の不文律とともにある義理の両親の願いであり、また、雅子妃殿下が男の子を産むことを待ち望む、天皇家に忠実な日本国民のよかれと思う願いでもあった。

日本の菊の御紋の天皇の座は、ウィンザー家のように大衆紙にゴシップ材料を与えたりはしない。それは、遅くとも敗戦の後の、天皇が神であることをやめたとき以来、謙虚になった。華やかなショーもなく、式典だけがある。美智子《みちこ》皇后は、白髪を染めることさえ認められていない。

ダイアナ妃がしたような抵抗は、ここでは考えられない。離婚は（まだ皇后でないうちは）、法的には可能だが、不名誉は甚だしく、おそらく彼女の父親が切腹で償わなければいけないほどだ。

かつて小和田雅子であった女性は、純金製の厳戒の宮殿で終身刑に服している。この圧力が、正確にはいつ、彼女の病気を誘発したのか、誰もわからない。一九九九年十二月、彼女は最初の子供を流産した。二〇〇一年十二月に生まれた子供は、愛らしい女の子だった。愛子という名だ。

愛子の唯一の欠点、それは、天皇の後継の規則により、父親の後を継げないことだ。女性の天皇は過去の歴史上存在したが、その寛容な日本の伝統は無視され、また、（訳注：女性も天皇になれるように）法律を変えようという激しい論争にもかかわらず、雅子は（訳注：女児を産んだという）過ちを犯したとして、次第に保守派の間で人望を失いはじめた。宮殿内からは、雅子妃に対する無慈悲な噂が外に向かって発信され、メディアも文句をつけはじめた。

大衆紙が、宮殿内の醜い話を次々と報道した。雅子は皇太子を振り回し、自らの義務を果たさない。すでに婚約の記者会見のとき、多くの新聞は、そして、宮内庁までもが、雅子が皇太子よりも長く話したことを非難したのだ。これで彼女がうつ病にならないほうがおかしい。

皇太子徳仁は、無条件に妻の言うことを聞いてあげているようだ。彼は何度も世間と報道陣に向かって、彼の妻を、忍耐強く、同情心を持って見守ってほしいということを訴えている。彼は、雅子の手を取ったとき、宮内庁や世間から押し寄せるすべての干渉や不快なことから彼女を守ると約束したと言われている。徳仁の礼儀正しく、愛情に満ちた行動は、尊敬されている。

何年もの間に、たわいない女性週刊誌でさえ、心配ではなく、意地悪な陰口を書くようになった。ある情報筋によると、五年間の間に皇太子と雅子妃殿下に仕えていた人が一三人も辞めていった。雅子は内に向かっては権勢欲が強く、外に向かっては公務不履行が過ぎるためであると。


芸術的ともいえる行儀作法や、目上や目下の区別に重きを置く日本の文化が、病人に対してどれほどしつこい意地悪をするかということは、なかなかわかりづらい。メディアに対する皇太子の呼びかけは、何も役に立たなかった。彼らは、雅子が公務を拒否しているにもかかわらず、厚かましくも、ブルガリのチェーンや、(ずいぶん昔の話だが)高価なスキーの旅で皇室の経費を無駄に使っていると繰り返した。

すべてが彼女にとって公務より大切なのだ。とりわけ、娘の愛子。雅子は、愛子がハイソサエティーな私立学校で、級友たちから酷《ひど》いいじめを受けたとして、何週間もの間、毎日愛子に同伴して通学し、それどころか、数カ月、家に置いておいたこともあった。

雅子は、何をしても非難される。二〇一二年、彼女が東宮《とうぐう》を離れたのはたったの三〇回だった。東京の外には一度も出なかった。あるブロガーは、三月の終わりに、雅子が夫と子供とお忍びで外出した際、駅で六十代の男に、「仮病使い、税金泥棒、皇室から去れ！」と悪態をつかれたと書いた。警官がその男を押しのけた。しかし、皇族の侮辱はもう罪にはならない。

雅子が、二〇一一年三月十一日の津波で被害を受けた海岸地域を慰問したとき、記者たちは、彼女の来るのが遅すぎたと叱責した。天皇皇后両陛下は四月に慰問している。またもや、娘のほうが公務より大事であったのだと。

このごろでは、皇太子に離婚を勧めることを躊躇しない人たちもいるほどだ。あるいは、「妻を幸せにするために」天皇の座の辞退を勧める偽善家もいる。皇太子の弟、秋篠宮文仁《ふみひと》（四十八歳）は、体力の落ちている天皇のために代理の公務を務めている。より大事なのは、彼には二人の娘の他に、息子が一人いることだ。

欧州では、皇室は憧れの対象

これらの記事は、すべてゴシップの域から出ていない。「離婚の不名誉は甚だしく、父親である小和田氏が切腹で償わなければいけないほど」と言われると、日本人はかなりビックリする。そういう時代が、日本の過去の、それほど遠くない時代にあったことは事実だが、今の私たちの感覚とはかけ離れているし、それを求めている人もいないだろう。とくに「公開の窒息の拷問」とか、「厳戒の宮殿で終身刑」とは、大げさ過ぎる。これではドイツ人は、雅子さまは監禁されているのだと思ってしまうにちがいない。

いずれにしても、これら外国の記事から感じられることは、彼らが日本の皇室の非常に封建的な面を強調しながら、その伝統保持のエネルギーに驚嘆しつつ、一方では人権無視であると非難していることだ。

たしかに日本の皇室は、人権という意味では例外だ。そもそも、皇室と人権という言葉は合わない。皇室は、人権などという概念が、影も形もなかったころから存在したのであり、今さらそのような概念をあてがっても、あまり意味がない。次元が違う。天皇家の人々は人権がなくても、敬われ、愛され、国民の心の支えとなってくだされば、よいのである。

では、雅子さまのように、そういう人権のない世界に適応できない人はどうなるかというと、これが難しい。私の考えでは、そうっとしておいて差し上げるのが、一番良いことだと思う。

そのかわり、雅子さまのほうでも、皇室の伝統的なやり方を改善しようなどというリベラルな試みはなさらないようにお願いしたい。今の世の中では、伝統は残す努力をしなければどんどん消えてゆく。ましてや、外部からさらに壊そうという力が加わると、瞬《また》く間《ま》に崩れてしまうだろう。皇室が消えてしまうと、取り返しがつかない。それとともに貴重な伝統が、すべからく消えてしまう。

現在の日本で、お正月に晴れ着を纏《まと》い、百人一首をする家庭が、いったい何家族あるだろう。おそらく一昔前までは、日本の一般の家庭でも、さまざまな伝統行事が残されていたはずだ。しかし、今、日本の伝統を、博物館的な過去のものとしてではなく、実際に実践しているのは、ほとんど皇族の人々だけだ。和歌を詠《よ》み、年中行事のたびに古式に則《のっと》り、何千年も受け継がれてきた行事を粛々と営んでいるのは皇室だけなのだ。そんなものは必要ないという人はいるかもしれないが、私は、皇室自体の重要性とともに、貴重な文化遺産の実践者としての皇室の存在を、とても大切に思っている。

もう一つ、ドイツでの報道から感じたことは、安倍内閣のことを国粋主義者のように書き立てる彼らが、日本の皇室に関しては、一切そういう書き方をしないことだ。日本では、皇室を敬う者は右翼であるとし、皇室の存在を帝国主義や国粋主義に結びつける風潮がまだまだ強いが、ドイツ人はそうは見てはいないらしい。

イギリス人や北欧の人々が自国の王家に夢中になっているのは、ほほえましいことであり、かつ、当たり前で、日本の皇室も、彼らの頭の中ではその延長線上にあるのだろう。日本の皇室を右翼と結びつけるのは、おそらく中国と韓国だけだ。そして、それに日本人の一部が与《くみ》するのは、考えてみれば奇妙なことである。

昨年、イギリスの王子が結婚したとき、ドイツのマスコミのフィーバーぶりは凄かった。ちょうどそのとき、私は偶然ドイツの友人の家にいたが、そこに集まった女性たちはテレビにくぎ付けで、バルコニーで新婚の二人がキスをしようものなら、大騒ぎだったのが、とても異様に思えた。

イギリスの王室は、スキャンダルなどものともしない。数々の行事は、メルヘンのように古風でロマンチックであり、しかし、そこに登場する役者はとびきり現代風なのだが、そのアンバランスさをうまく演出して愛される王室となっている。それを、大英帝国主義と結びつける人も、もちろんいない。

ドイツ人は、第一次世界大戦の後、カイザーを引き摺《ず》り下ろしてしまった。しかし、今ではカイザーの子孫は、結構優雅に暮らしている。ロイヤル・ブライダルに夢中になっているドイツ人の友人に、「王家を弾劾したのはあなたたちよ。後悔してる?」と訊いたら、彼らは「えっ?」という顔をした。ドイツ人は皆、かつて自分たちの国に皇帝や王様がいたことも、あまり思い出さないのかもしれない。

そのとき、ふと思った。「日本人は、世界で一番古い皇室を保っていることを、もっと誇りに思ってもいいのではないか」と。

あとがき

ドイツへ渡った当時のことを思い出すとき、突然、「ああ、私はあの人にずいぶん助けられたのだ」と気づき、ふと、感謝の念で胸が熱くなることがある。私の場合、助けてくれたのは、皆、ドイツ人だ。ただ、その頃の私は右も左もわからず、助けてもらったことにさえ、なかなか気づかなかった。

ドイツ人は、個人的に近しくなると、とても親切な人たちだ。そうするうちに三十余年が経ち、親切なドイツ人は私にとって、いかにも身近な存在となった。「ドイツ人と日本人はウマが合う」。そう思いながら、私はいつしか、この国でその昔、自分が無我夢中で奮闘したことなど、すっかり忘れてしまった。

しかし、本当にドイツ人と日本人はウマが合うのだろうか？　そんな疑問を持ち始めたのは、この一五年ぐらい、私が、一般のドイツ人と同じく、毎日、熱心にドイツのニュースを聞き、ドイツの新聞を読むようになってからだ。そこには、なんと、反日の空気が満ち溢れていた。それに気づいたとき、私の友人たるドイツ人たちも、日夜、このような反日情報に接していたのかと思い、まず、それが一番ショックだった。

私の友人たちが、それらのニュースを信じていないとは考えにくい。つまり、彼らの日本に対する認識は、かなりひずんだものであるはずだ。しかし、私と何の問題もなく付き合っているところを見ると、彼らは私を例外と見做《みな》しているのだろうか? 日本でも、「○○人は嫌いだが、個人的にはとても親しい友人はいる」という話はよく聞くので、あり得ることだ。

私たちは、一般概念の○○人と、個人的知己である○○人を、全く区別して考えることができる。友人たちは、「日本はかつての侵略国家で、国民は残虐(南京大虐殺)、卑怯(パールハーバー)、しかも、いまだに慰安婦問題に謝罪もしない傲慢ぶりだが、カワグチエミは、まあ、それとは別」と思っているのだろうか。しかし、正直言って、私は日本人の例外ではないし、例外でありたくもない。

ドイツ文学者、評論家である西尾幹二氏によると、ドイツの反日報道は、彼がドイツにいた六〇年代も同様だったそうだ。その後、日本の経済成長に伴い、日本バッシングは最高潮に達した。今、私が接している反日報道は、それが静かに定着したもので、いうなれば、すでにあたりまえの日本観なのかもしれない。

繰り返すようだが、個人レベルでは、日独親善はちゃんと機能する。親切なドイツ人のイメージは、転勤や留学でドイツに暮らした日本人の、おそらく共通の思い出だと思う。特に、ドイツに長く住んでも、新聞もテレビも日本語だけという環境にいて、英語で仕事を済ませ、ドイツのメディアなどにはあまり接していない日本人の場合、優しい親日ドイツ人のイメージは、彼らの一生の宝物となる。

ただ、ドイツ人の中に、深く入り込み過ぎた私の認識では、ドイツ人は、日本人が思っているほど、親日的ではない。始終、反日報道に接しているのだから、当然のことだ。日本人が好む「今度はイタリア抜きでやろう」というジョークも、私がドイツに三〇年いるあいだ、一度も聞いたことがない。おそらく、戦後間もないころ、どこかのビアホールで鉢合《はちあ》わせした元ドイツ兵と元日本兵の間で交わされた会話が神話と化し、独り歩きしたものだと思われるが、ドイツでは誰も知らないエピソードだ。私の知っているドイツ人留学生は、日本に来て初めて、しかも何度もこの神話に言及され、かなり辟易《へきえき》していた。

本書は、ドイツ人が日頃、アジアに関してどのような情報に接しているかを紹介したものだ。これは、ドイツに住む日本人である私のジレンマであり、同時に、日本の同胞への警告でもある。

私のドイツの友人たちは、私という緩衝材を持っているが、ほとんどのドイツ人は、日本人の知り合いなど持たない。メディアの作り上げる日本人像、日本観が、そのまま彼らのそれとなる。由々《ゆゆ》しきことである。

間違った日本のイメージを矯正していくためには、ドイツ人と日本人が接する機会を増やせばよい。日本に来た途端、それまで日本を懐疑的に見ていたドイツ人が、日本の大ファンになる例を、私はいくつも知っている。本当の日本は、外国で流されているイメージより何倍もよい証拠だ。つまり、私たちにプロパガンダは必要ない。粛々と、普段通りの姿を示す機会さえあれば、歪《ゆが》められた日本のイメージは、あっという間に消えていく。要は、その機会をどうやって作るかということだ。

一方、日本の政治家は、もう少し国際メディアに露出してほしい。そういう意味で、ブエノスアイレスのIOC総会における安倍首相の英語でのスピーチはよかった。あれによって、「安倍は超右翼だ」と書き連ねたドイツの報道の信憑性《しんぴょう》性は、かなり薄らいだのではないかと思う。

私の期待は、来る二〇二〇年の東京オリンピックである。黙っていても、世界が日本に注目してくれるのだから、真の日本の姿を世界に示すまたとないチャンスだ。ブログやらツイッターの盛んなご時世、日本の良さについての発信が増えれば、ヘンテコな報道も少し減るかもしれない。そうなったとき、ドイツ人と日本人とはウマが合うか、もう一度、考えてみたいものだと思う。

末尾になったが、本書の出版にあたり、祥伝社の角田勉氏のご助言とご尽力に、深い感謝の念を捧げる。

秋の気配の漂いはじめた東京にて

川口マーン惠美

★読者のみなさまにお願い

この本をお読みになって、どんな感想をお持ちでしょうか。祥伝社のホームページから書評をお送りいただけたら、ありがたく存じます。今後の企画の参考にさせていただきます。また、次ページの原稿用紙を切り取り、左記まで郵送していただいても結構です。

お寄せいただいた書評は、ご了解のうえ新聞・雑誌などを通じて紹介させていただくこともあります。採用の場合は、特製図書カードを差しあげます。

なお、ご記入いただいたお名前、ご住所、ご連絡先等は、書評紹介の事前了解、謝礼のお届け以外の目的で利用することはありません。また、それらの情報を6カ月を超えて保管することもありません。

〒101―8701（お手紙は郵便番号だけで届きます）
祥伝社新書編集部
電話03（3265）2310
祥伝社ホームページ　http://www.shodensha.co.jp/bookreview/

キリトリ線

★本書の購入動機（新聞名か雑誌名、あるいは○をつけてください）

＿＿＿新聞の広告を見て	＿＿＿誌の広告を見て	＿＿＿新聞の書評を見て	＿＿＿誌の書評を見て	書店で見かけて	知人のすすめで

★100字書評……ドイツで、日本と東アジアはどう報じられているか？

名前

住所

年齢

職業

川口マーン惠美　かわぐち・マーン・えみ

作家。拓殖大学日本文化研究所客員教授。1956年、大阪生まれ。日本大学芸術学部卒業、シュトゥットガルト国立音楽大学大学院ピアノ科修了。現在シュトゥットガルト在住。著書に『フセイン独裁下のイラクで暮らして』『ドレスデン逍遙』『サービスできないドイツ人、主張できない日本人』（以上、草思社）、『母親に向かない人の子育て術』（文春新書）、『証言・フルトヴェングラーかカラヤンか』（新潮選書）、『ベルリン物語』『ドイツ料理万歳！』（以上、平凡社新書）、『日本はもうドイツに学ばない？』（徳間書店）『住んでみたドイツ　8勝2敗で日本の勝ち』（講談社＋α新書）など。

ドイツで、日本《にほん》と東《ひがし》アジアはどう報《ほう》じられているか？

川口《かわぐち》マーン惠美《えみ》

2013年10月10日　初版第1刷発行

発行者……………竹内和芳
発行所……………祥伝社しょうでんしゃ
〒101-8701　東京都千代田区神田神保町3-3
電話　03(3265)2081(販売部)
電話　03(3265)2310(編集部)
電話　03(3265)3622(業務部)
ホームページ　http://www.shodensha.co.jp/

装丁者……………盛川和洋
印刷所……………堀内印刷
製本所……………ナショナル製本

Printed in Japan　ISBN978-4-396-11341-4　C0235

〈祥伝社新書〉
話題騒然のベストセラー！

042
高校生が感動した「論語」
慶應高校の人気ナンバーワンだった教師が、名物授業を再現！
元慶應高校教諭
佐久 協《やすし》

188
歎異抄《たんにしょう》の謎《なぞ》
親鸞は本当は何を言いたかったのか？
親鸞をめぐって・「私訳 歎異抄」・原文・対談・関連書一覧
作家
五木寛之

190
発達障害に気づかない大人たち
ADHD・アスペルガー症候群・学習障害……全部まとめてこれ一冊でわかる！
福島学院大学教授
星野仁彦《よしひこ》

205
最強の人生指南書
佐藤一斎「言志四録」を読む
仕事、人づきあい、リーダーの条件……人生の指針を幕末の名著に学ぶ
明治大学教授
齋藤 孝

312
一生モノの英語勉強法
「理系的」学習システムのすすめ
京大人気教授とカリスマ予備校教師が教える、必ず英語ができるようになる方法
京都大学教授
鎌田浩毅
研伸館講師
吉田明宏

〈祥伝社新書〉
韓国を知る　日本を知る

257
朝鮮学校「歴史教科書」を読む
門外不出の歴史教科書を検証。北朝鮮を考える好著！
井沢元彦
萩原　遼

271
北朝鮮　金《キム》王朝の真実
北朝鮮取材40年の大宅賞作家が描く、金一族の血の相克。
萩原　遼

282
韓国が漢字を復活できない理由
韓国で使われていた漢字熟語の大半は日本製。なぜそんなに「日本」を隠すのか？
作家　豊田有恒

313
困った隣人　韓国の急所
日本人にはわからない韓国の光と影。なぜ「反日」に突き進むのかを論じ合う。
井沢元彦
呉　善花

320
歪《ゆが》みの国・韓国
気鋭の社会学者が伝える、不自然でいびつな急成長の弊害。素顔の韓国がここに！
金《キム》　慶珠《キヨンジユ》